我心里一直都在暗暗设想，天堂应该是图书馆的模样。

——博尔赫斯

"襟江书舍"系列丛书

天堂的模样

——杭州图书馆读者访谈录

褚树青　栗　慧　主编

國家圖書館出版社
National Library of China Publishing House

图书在版编目(CIP)数据

天堂的模样:杭州图书馆读者访谈录/褚树青,粟慧主编. --北京:国家图书馆出版社,2015.6
("襟江书舍"系列丛书)
ISBN 978-7-5013-5585-3

Ⅰ. ①天… Ⅱ. ①褚…②粟… Ⅲ. ①图书馆工作—读者工作—文集 Ⅳ. ①G252-53

中国版本图书馆 CIP 数据核字(2015)第 095049 号

书　　名　天堂的模样——杭州图书馆读者访谈录
著　　者　褚树青　粟　慧　主编
丛 书 名　"襟江书舍"系列丛书
责任编辑　高　爽　唐　澈

出　　版　国家图书馆出版社(100034　北京市西城区文津街 7 号)
　　　　　(原书目文献出版社　北京图书馆出版社)
发　　行　010-66114536　66126153　66151313　66175620
　　　　　66121706(传真),66126156(门市部)
E-mail　btsfxb@ nlc. gov. cn(邮购)
Website　www. nlcpress. com ——→投稿中心
经　　销　新华书店
印　　装　北京科信印刷有限公司
版　　次　2015 年 6 月第 1 版　2015 年 6 月第 1 次印刷

开　　本　787×1092(毫米)　1/16
印　　张　9. 75
字　　数　160 千字

书　　号　ISBN 978-7-5013-5585-3
定　　价　48. 00 元

《天堂的模样——杭州图书馆读者访谈录》编撰组成员

撰稿组（按姓氏笔画排列）：

王恺华　叶　丹　成　妍

朱峻薇　杨　悦　何　妨

何小茜　沈少英　张巧艳

张红霞　陈姝丽　陈　夏

林燕飞　翁飞鸣

编辑组：张巧艳　朱峻薇

目　录

着迷考据，甘做书虫

江民繁，男，笔名江帆，1947年出生。从小学到高中时代，一直在江西“鄱阳湖上都昌县”（东坡诗句）度过。1970年毕业于复旦大学新闻系，毕业后在《浙江日报》社长期从事新闻采编工作。1996年借调到养生堂及农夫山泉公司，任副总经理兼广告中心经理，负责广告营销和新闻公关。先后出版《广告也疯狂》《广告媒体策略》及《公关无敌手》等广告、营销专业著作。

20世纪80年代初开始涉足中国古代女性文学研究领域，出版了《中国历代才女小传》（与王瑞芳合著）。退休后，常到杭州图书馆古籍部查阅资料，写成《吴藻词传——读骚饮酒旧生涯》一书，由浙江大学出版社出版。此外，他还著有学术著作《优游书蠹》。

受访者：江民繁（以下简称“江”）

采访地点：杭州图书馆文献服务与出版部

杭州图书馆（以下简称“图”）：听说您经常到杭州图书馆，您主要是借阅书籍，还是参加图书馆组织的相关活动呢？

江：主要是查阅资料。我这人有考据癖，一定要把事情搞个水落石出，别人是大胆假设，而我则小心求证。在我写作《吴藻词传——读骚饮酒旧生涯》一书时，因不满足于网上的一些资料，好一段时间泡在杭州图书馆仔细查阅，寻找确凿的证据。比如哈佛大学的研究者研究吴藻，得出结论说，吴藻是中国最伟大的同性恋者。而我通过一再查询，只查到了吴藻用调侃的语气写给青楼女子的一首词，只能表现她的名士气，而不能据此就证明她是个同性恋者。有一分证据说一分话，做学术研究最忌信

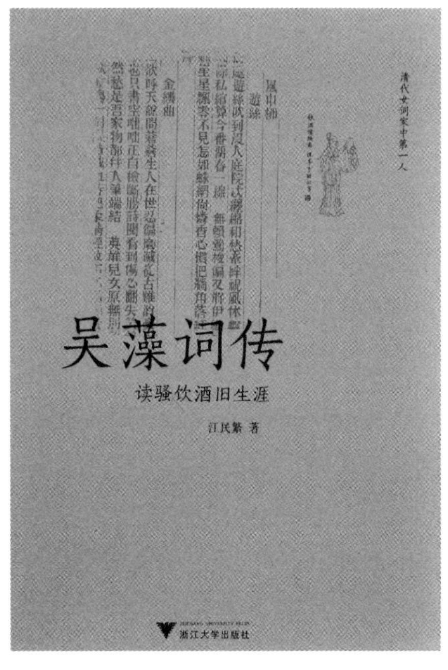

《吴藻词传》一书

口雌黄。

后来，我也去浙江图书馆查了一些资料，还为了一幅《饮酒读骚图》打电话给国家图书馆，才把这张珍贵的《饮酒读骚图》有偿影印，用作《吴藻词传》的第一张插页。

我泡在杭州图书馆的时间最多，我觉得，杭州图书馆古籍部的工作人员非常专业，找起书来相当快，像仇老师、赵老师等尤其如此。还有信息制作与传播中心的王恺华，有很深的古文学功底，很喜欢这类学术书籍，当她拿到《吴藻词传》这本书时，显得很激动，当场同我讨论了好多问题。

江民繁在杭州图书馆查阅古籍

图：《吴藻词传》是一部怎么样的书？在杭州图书馆找到了您写作需要的资料了吗？

江：第一，我说说我为什么要写这本书吧！

理由一：吴藻很值得研究，不写可惜。吴藻是杭州人，在一代词坛上卓然成家，名满大江南北，被誉为“清代女词家中第一人”，又是异常难得的女戏曲家，不愧为清代女性文学的杰出代表；而且，被认为是社会转型时期“要求走向社会的妇女先驱”，是个很值得研究的人物，包括她的作品、生平和交游。研究吴藻对于清代女性文学的研究、浙派文化特别是浙派词的研究、近代妇女思想史的研究，都具有特殊的意义。我在前言的结尾这样说过：“这么一个集美人心、名士气和英雄气于一身的奇女子，这么一个近代妇女解放的先驱式人物，这么一个词曲史上自名一家的旷世奇才，时至今天继往开来的时代，怎么能忍心让她埋没、冷落、沉寂下去呢！”

理由二：吴藻研究空白很多，令我着迷。吴藻作品的整理与校注，目前尚处于起步阶段，只有个别吴藻词选注本出版；至于吴藻生平、交游和创作的研究，更是留有相当多的空白和误区。陆萼庭在1948年发表的《〈乔影〉作者吴藻事辑》（1992年修改），是迄今所见最早的也是唯一的吴藻传略，被称为“20世纪的第一部清代女性词人年谱”。到如今将近70年了，也没有发现有关吴藻的新材料。人们一般只知道吴藻有《花帘词》和《香南雪北词》。《杭州府志》著录的吴藻晚年的诗词合刊《香南雪北庐集》（金绳武评花仙馆本），陆氏无缘见到，所以陆氏考略不可避免地存在其局限性。因此，本人不揣浅陋，试图另辟蹊径，重新为吴藻写一个较为完整的编年体传记，再现一代女词曲家的人生际遇和内心世界。

理由三（极个人化的理由）：“著书不为稻粱谋。”只为了自得其乐，乐在其中，挑一个最能满足我的“考据癖”，最能吸引我注意力的事情干干，成为自身养生怡性的良方。

第二，我谈谈《吴藻词传》是怎样的一部书。

《吴藻词传》是一本学术著作，一本编年体的传记作品，被列为省社科院浙江历史文化研究中心学术成果。它“以人生诠释诗词，以诗词注解人生”，以吴藻及其文友们大量诗词原作的引证与考据为经纬线编织而成，可简要概括成16个字，那就是“诗词精华、写作生态、交游对象、生平编年”。这本书分上、下两大部分，上编是《人生横断面》，也就是《传略》，包括字号、室号、里居、家世、性情、生卒年、才名、时人评价、作品著述及版本情况等；下编是《诗词经纬线》，也就是《年谱》，就她的生平事迹、唱和题咏创作活动和主要作品、交游对象等，按编年体尽力做一些较为细致、较为深入的发掘与考证。自我掌握的原则是：少做甚至不做大胆假设，小心并且多方求证，力求返真，让证据说话，有一分证据说一分话。

这本词传在陆萼庭等学者研究成果的基础上，有所发现，有所创新，有所深入，有所校正。比如关于祖籍身世，关于移居“古城南湖”，关于杂剧《乔影》的流传，关于生卒年和创作生涯，关于“遭时不靖”和“女史兄弟并亡”之事，关于与文士名媛和唱和群体的交游，关于她晚年的题序和结集，等等，都有独到的发现。

第三，在写作过程中，我从杭州图书馆查阅到不少很有价值的资料和信息，如《续修四库全书》中的有关图书，特别是吴藻文友张应昌的词集《烟波渔唱》，其中提供了吴藻在太平军攻占杭州后乱中遇难的确证（以前学术界只有个别的推测，而且不知道吴藻姐妹双双遇难）。还有《杭州府志》，其中记载了太平军两度攻占杭州的境况，为吴藻之死提供了重要的历史背景材料。吴藻的老师陈文述写给她的两封书信、沈善宝《名媛诗话》续四库版的有关章节、徐世昌《晚晴簃诗汇》中吴藻的诗和小传，专门请杭州图书馆的鹤矾女士代为复印、寄送。还有黄燮清《国朝词综续编》以及台湾台北富之江出版社(1997)校印的《小檀栾室汇刻闺秀词》,也都是在杭州图书馆查阅的。

图:根据您在图书馆的阅读和研究,您能举出关于吴藻词的最精彩的两句评价吗?

江:近代对吴藻词做出最高评价的是词学专家、《宋词选》的编者胡云翼,20世纪30年代他在《中国词史略》中论述清词,推重的女性词人只有吴藻一人,说她:“当时词誉遍大江南北,为清代女词家中第一人。”并且说:“自此以后,我们便再找不出矜贵的浙派词人来了。”

接着,谢秋萍在《吴藻女士的白话词》一文中有一段精彩的评价:“我以为清代男词人有纳兰性德,女词人中有吴藻,真是两朵稀罕的奇花,替清代芜秽的词坛放一些异彩!”将吴藻词与纳兰词相提并论,那个时候她就说吴藻是一朵奇葩。

图:您在写《吴藻词传》之前,常来图书馆吗?图书馆有哪些元素是您特别喜欢的?

江:早年常跑图书馆抄资料,近年网络发达,跑得就比较少了。去年开始因为要写吴藻的传记,与图书馆的联系又密切起来。本地常跑杭州图书馆和浙江图书馆孤山古籍部,网上与国家图书馆等联系过。哈佛燕京图书馆网上有明清妇女著作原版书可供查阅,省了不少跑图书馆的周折。

我很喜欢杭州图书馆编的线装刊物《文澜》,人文气息浓厚,旨在反映杭州深厚的历史积淀和人文传统,传承独特的杭州文脉,修复杭州人文生态,推动全社会阅读之风。很有研究价值,也很值得向广大读者介绍推广。我曾经为它写过文章,这几年,一直不间断地收到杭州图书馆的《文澜》,每一期我都很认真地阅读了。

还有,杭州图书馆宁静平和、宽敞大气的阅读环境,给我留下了美好的印象。杭州图书馆人热情好客、宾至如归的服务意识,也让我心存感激。我想,这里是一个绝佳的做学问的地方。

(执笔:张巧艳)

在阅读中成长

李滨，男，1977 年出生，浙江建德人。1998 年毕业于建德工业技术学校，同年到杭州打工，进入中策橡胶集团有限公司，主要负责设备维护工作。2008 年，杭州中策橡胶集团与杭州市总工会、杭州图书馆共同建立了新杭州人文化家园。杭州图书馆为其集团职工书屋开通基层服务点各项功能，并为其调拨各类文献。他热爱读书，每天坚持读书，从有关设备管理的专业性书籍中学习理论知识，将理论知识融入实践工作，很快从一名普通的员工成长为技术上的佼佼者，获得了集团内技术革新能手称号，科技进步奖，2008 年省、市知识型职工标兵，2005—2009 年市“创争”活动学习型标兵……他说：“是阅读改变了我的命运。”

受访者：李滨（以下简称“李”）

采访地点：杭州图书馆文献借阅中心

图：能否介绍一下您的经历？

李：我于 1998 年学校毕业后即进入杭州中策橡胶集团工作，从事设备维护工作。刚开始的工作较简单，但很辛苦，需要“三班倒”作息，生活节奏很紧张。由于在工作中经常要接触进口设备，就迫使自己学习英语，考取了英语等级证书。2000 年开始担任设备管理的工作，主要负责设备改进、产品品质的提升。每年坚持进行 3 至 5 项的创新项目开发或课题研究，如设备程序开发、MES 软件开发等。2012 年主持了一套投资 1600 万元建设周期 1 年的全自动物流线的自主开发项目，该项目在全国范围内尚属首次开发建设。

图：听说您很热爱阅读，您什么时候开始把阅读当作一种习惯的？您的习惯对周围人产生过什么影响吗？

李：我自从 19 岁参加工作以来，感觉自己已有的知识不够用，就开始利用上班空闲时间抓紧学习，增长理论知识，提高技术能力。公司的硬件设施很好，使我能在自己单位的实验室提升自己的动手能力，从理论到实践，全面锻炼自己。因为从事的是设备维护方面的工作，相关技术日新月异，必须不断地给自己充电。我坚持不懈地努力，最终考上了电气自动化工程师。单位常让一些刚踏上工作岗位的年轻人拜我为师，我也常教导徒弟们要多看书多学习。我带的徒弟进步都很快，现在有的是高级电工，有的是高级钳工，有的还考取了工程师。同时由于我带头读书，家中也颇有读书的氛围，使得小孩从小就爱阅读，没有沉迷游戏、电脑和电视。

图：您一般会选择看些什么书，能谈谈这些书对您的影响吗？

李：由于工作的原因，我平时看的较多的是专业书籍，如计算机、自动化等方面的知识。还有就是名人传记，如《乔布斯传》《奥巴马传》及《曾国藩传》等。名人传记给我最大的启发就是，要想获得任何收获，在前期必须有艰苦的付出。我还喜欢看历史类的书，如《东周列国志》，其中各家的学说对我的思想及做人做事的方法都有所启迪。小说类看得比较少，只看过莫言的小说。另外还会浏览一些专业网站，如计算机世界、中国工控网、西门子网站、三菱网站及ABB网站，这些网站上有较多的工程案例及产品说明，对我技术的提高有较大的帮助。

图：您最推崇哪些书？为什么？

李：还是人物传记。传记较真实，有强大的榜样力量。如《乔布斯传》，给我印象最深的一句话是“听从内心的召唤”，以此告诫自己认准的事情一定要全力以赴地去实现。还有《奥巴马传》，给我的启迪就是“一切皆有可能”，奥巴马打破了种族的歧视，非常了不起。

图：您与图书馆是如何结缘的？

李：在杭州图书馆新馆刚开放的时候，媒体宣传比较多，而我家离这儿也很近，周末有空就常过来坐坐。这儿环境非常好，很温馨，适合读书，适合整个家庭一起来感受感受、熏陶熏陶。杭州图书馆的现代化条件也很好，特别是这套借还书系统，非常先进与专业，能准确地显示图书所在的架位。我也去过浙江省图书馆，它们的藏书量大，特别是专业化的书较齐全，但因为离我家较远，后来去得也不多了。

图：您是否参加过杭州图书馆组织的读者活动？您觉得图书馆怎么样才能满足现代读者的需求？

李：由于工作较忙，不太参加活动，但爱人和小孩来参加过一些很有意义的讲座及文学沙龙。我觉得图书馆应适时将新知识分门别类地进行介绍，便于读者及时了解国外的新知识和新技术。由于现在很多读者的英语水平较低，信息获取途径较单一，想了解国外的新知识却苦于没有方法。图书馆可以发挥自己的优势，运用馆员的专业技能，及时将国外的新信息、新技术翻译成中文，方便有需要的读者获取。

李滨周末在杭州图书馆阅读学习

图:杭州图书馆在杭州中策橡胶集团职工书屋开通基层服务点,这是否给你们的阅读带来一些方便?您认为图书馆除送书以外,还可以做些什么以丰富职工的文化生活?

李:由于基层点的开放,很多年轻员工在节假日都喜欢去那儿看书,图书馆为他们提供了学习平台,减少了他们沉迷网络游戏的可能,也使得他们远离了打牌、打麻将等娱乐活动。公司也有内部刊物,很多员工在大量阅读之后,会给刊物投投稿,全公司上下弥漫着一派学习的氛围。看书的过程会使人的内心得到平静,员工在繁忙的工作之余能享受到片刻的安宁。

我觉得图书馆除送书外,还可以组织我们的员工参加讲座及培训活动,做一些人生、思想、文化方面的指导。

图:您曾在工作中获得许多荣誉,您觉得这些荣誉与阅读有关吗?

李:我出生在普通的工人家庭,父辈都是技术工人,从小对技术就感兴趣,事事都要做得比周围的人好。为了减轻家里的负担,我过早地参加了工作,只能在工作中努力学习,抓住一切机会学习专业理论,增长自己的知识,让公司需要自己。当然,公司也给了我广阔的展示能力的平台,让我从一个技术工人慢慢成长为一个技术骨干,获得了多种荣誉。

图:谈谈您在阅读过程中的难忘经历。

李:刚开始的时候看专业书籍,很难懂,就一遍一遍地看,直到看懂为止。在乔布斯去世那段时间，正好自己在工作中遇到一些问题——公司在下沙建立了新工厂，工作繁忙，搬迁任务很重，原本一台设备的搬迁、安装与调试需要10天，而公司要求必须在5天内完成，内心非常焦虑。听到乔布斯去世的消息，突然心有所动，就找了一本《乔布斯传》，一口气看完，从乔布斯的人生中获得了无穷的力量。乔布斯在创业中期被迫离开自己一手创办的苹果公司，但他并不气馁，反而收购了皮克斯动画，拍了一些动画片，这些动画片颠覆了人们认为动画片只适合小孩看的印象，受到普遍的欢迎。后来苹果公司面临了危机，乔布斯又临危受命，力挽狂澜，使公司起死回生。从乔布斯的人生经历中，我感悟到了：做任何事情都不能只是尽力而为，而应该全力以赴地去做，不让自己有任何理由退缩。这些感悟支撑着我度过最艰难的时期。

图：请和读者分享一下让您受益最深的一句名言。

李：明朝的王守仁提出的“知行合一”，这句话使我受益颇多。“知行合一”，即认识事物的道理与在现实中运用此道理是密不可分的，理论指导实践，实践验证理论，这句名言一直指导着我的工作和学习。

图：用简短的几句话与读者分享一下您的阅读和成长经验吧？

李：一个人拥有的知识和智慧像一个圆，他能了解到自己未知的领域，就是圆的周边领域。因此，拥有越多的知识和智慧，他的圆就越大，未知的领域同样就越大。所以，学习是终身的，我们从书籍中获取知识，提升自己，做到“知行合一”。

人总有情绪低落的时候，在人生低谷的时候，需要通过阅读，利用第三方的力量，重新鼓舞自己。

图书馆，就是这“第三方力量”的提供者。

（执笔：杨悦）

梅花香自苦寒来

毛山水，男，1994年出生，杭州人。2011年开始因为要参加自考来到杭州图书馆看书、自学，起早摸黑，风雨无阻。2014年1月已拿到浙江大学的英语语言文学专业本科文凭，现开始准备考研，方向是法语语言专业。在图书馆自学期间，还积极参加了杭州图书馆志愿者队伍，经常帮忙布展、协助活动等。酷爱读书，尤其是语言类和文学类的书籍，他表示：杭州图书馆的学习氛围非常好，让他能够安静看书学习；丰富的馆藏给他带来了极大的帮助，是他自考成功的有力保障。

受访者：毛山水（以下简称“毛”）

采访地点：杭州图书馆社会文化活动部

图：毛同学，听说你2014年1月已自学取得浙江大学的英语语言文学专业本科文凭，首先要祝贺你！那么你能和我们说说你之前的生活经历和学习状况吗？

毛：我是杭州本地人，小学就读于杭州石板桥小学，初中就读于杭州开元中学，2009年6月初中毕业后，我因为偏科严重，理科特别差，因此萌生了在家自学的念头。起先父母不同意，我说了一些我自己的想法和理由，告诉他们我一定会成功的，让他们相信我的决定。最后，我终于说服了父母，向邻居借了数理化和英语书，在家开始自学高中课程。2010年9月我报名参加了自考，拿到《高等学校自学教材》后，开始了3年杭州图书馆的自学生活。

图：你是从什么时候开始来图书馆的？为什么会想到来图书馆？来了之后对杭州图书馆的印象如何？

毛：2010年9月报名参加自考后，我开始每天都来图书馆，其实之前在浣纱馆老馆的时候我就经常跟我爸爸一起去，可是老馆离我家相对远了点，不是特别方便，说了你们也不信，我那时候心里就经常想：最好图书馆能搬到离我家近的地方，没想到真的实现了。我家住在近江这边，现在来新馆骑车只要10分钟。杭州图书馆新馆的环境特别好，我一般最喜欢在三楼北面的专题文献中心的文学类的自习区看书，感觉这边的馆藏真的好丰富，我想看的几乎都能找到。

毛山水最喜欢杭州图书馆三楼专题文献中心的这个角落

图：听说你很爱阅读，你一般都会选择看些什么书？能说说这些书对你的影响吗？

毛：对，我很喜欢看书，尤其是文学、哲学和语言学的书籍。文学作品和原著节选我都读，比方说英美文学《汤姆索亚历险记》《傲慢与偏见》《培根随笔》，法国文学《蒙田随笔》《悲惨世界》都是我很喜欢的。这些书我都读上过好几遍，对我的语言学习帮助非常大。除了这些文学名著外，我还喜欢读一些语法、词汇、写作、字典等相关的工具书，我家里就有好多本，只有这些书我会自己买一点，其他的都是在图书馆借或者看，每次遇到语言学习的问题都会拿出来重新读一遍，我感觉每读一遍都有新的收获。这些语言类的书我除了翻阅，在家的时候还会自己大声读，因为大家也知道学好语言口语是很重要的。2013年5月我去上海考了全国翻译专业资格水平考试法语笔译三级并顺利通过，之后有一天我和妈妈去六和塔玩，遇到一个法国人，他用法语说了句：这上面真美！我听懂了随即回应了他，那个法国人表示很惊讶和兴奋，于是和我交流起来，这是我考出法语资格三级后第一次口语交流，因为一般也很少有这样的机会，可是就是这么一个小小的事情，让我对学习法语更加感兴趣了。

图：从你的讲述中，我们能感觉到你对看书的执着，那么这些习惯是受家庭影响吗？能给我们介绍下你的家庭和你的成长经历吗？

毛:我爸爸是杭州味精厂的普通员工,我妈妈是名专职英语老师,她在大家艺校工作过,之后身体一直不好,所以在家休息。我爸爸妈妈应该说也都很喜欢看书,我喜欢语言也是受妈妈的影响比较多。他们都是很开明的家长,你们也知道,我初中毕业就在家自学了,起先跟父母说他们也是不同意的,可是听我说了自己的理由后,他们还是认同了我的观点和目标,这点我非常欣慰。在图书馆自学的这3年中,我早出晚归很辛苦,父母除了关心我的身体,经常做些有营养的食物给我,还嘘寒问暖,让我不要给自己太大压力。开始一段时间,亲戚朋友、周边邻居等对我还有些闲言碎语,是他们在背后默默支持我,给了我温暖和力量,以及坚持的勇气。真的很感谢他们!

图:听说你常到图书馆做志愿者,都参与哪些方面的工作?很辛苦吗?

毛:是的,我参加志愿者起先是我爸爸在杭州图书馆的网站上看到在招募志愿者,帮我报的名,他怕我一味地埋头读书太累,想让我在学习的同时,能够劳逸结合。志愿者的工作是很愉快的,至今为止,我协助过布展、讲座、活动的现场秩序维持等工作。我是发自内心觉得图书馆给我了很大帮助,我该为图书馆做点什么。我个人的座右铭是:人人为我,我为人人。

图:你的父母对你这次取得浙江大学的英语语言文学专业本科文凭是什么感想?他们平时也会来杭州图书馆吗?

毛:我父母当然是很高兴的,不过总的来说他们还是很平静的,因为他们一直以来对我也很有信心,他们相信我一定会成功的。父母觉得我是苦尽甘来,他们在与亲朋好友的交谈中都透露着自豪。我妈妈因为身体不太好经常在家休养,我爸爸倒是也经常来图书馆,他很喜欢看杭州图书馆一楼那一区域的小说之类的书。有时也会向我推荐些好看的书,应该说父母对我喜欢看书这个习惯的形成还是有很大影响的。

图:你在杭州图书馆有遇到跟你一样的自学后考试成功的人吗?能谈谈你在杭州图书馆自学过程中的情况吗?

毛:我也有一些同学边工作边自考,也有脱产在家自考的,我有推荐他们来杭州图书馆学习,可是他们来一段时间就不来了,很可惜都没有坚持下去。我在图书馆自学的过程中,也有遇到一些跟我一样的自考或者考研的人,他们集中一个时段来一阵子,等相应的考试考出后就再也没有看到他们来过了。而我感觉自己是真的喜欢图书馆,喜欢看书、喜欢学习,我想以后即便我不再参加什么考试也会经常来图书馆,事实上这里已经成为我的第二个家了。当然了,你们看到我现在取得了一些成绩,与你们在这里聊得非常轻松愉快,事实上,3年的自学过程中我也经常遇到挫折,我形容自己的那一段历程是苦行僧的生活。有那么几段时间会觉得很艰难,很寂寞,很孤独。每当这个时候,我就去看一些励志书,比方说桑磊的《风雨考研路》,看了之后会给我带来很大的鼓舞,我又会变得积极起来,充满力量。可能你们认为效果怎么会这么神奇,但这些励志的书籍真的就是我的精神食粮和能量来源,是我一路坚持走下去的精神支点。现在回过头看看那些日子,尽管我感到过内心挣扎,痛苦过,但是我还是想说:读书乐!

图:你现在还经常来杭州图书馆看书吗?接下去还有什么学习目标吗?

毛:我现在还是会经常来图书馆的,不过,最近在爸爸的建议下,我找了份博库书城的工作,这几天开始上班了。我爸爸希望我边学习边工作,这样不仅可以接触社会,还能够缓解学习的压力,我的生活也不会变得枯燥、狭隘。我接下去的学习目标就是考上北大的研究生,圆我的校园梦,有更加广阔的学习天地。在准备考研究生的这段学习日子里,我看了《探索图书馆里的思想》这一本书,书里介绍了各个领域很有见树的伟人,有时候我会假定自己是书里的某个人,揣摩他们的思想。我认为,学习到最后就需要一个平衡,既广又深,通百长而精一艺这是最好的状态!我希望以后我能成为这样的人!

(执笔:林燕飞)

热爱阅读的兵哥哥

韩雨,男,1988 年出生,安徽人。2005 年 12 月入伍,空军上士军衔,现任 94675 部队汽车连驾驶四班班长。他业余时间专注于各类书籍的阅读,把阅读当作生活中不可或缺的一项内容。近几年,他阅读图书 200 余册,从一名懵懂的青年成长为一名优秀的驾驶班班长,从一名青涩的农村孩子成长为一名成熟的军队人才。杭州图书馆 2008 年在 94675 部队汽车连建立馆外流通点,定期选配内容健康、格调高雅、适合部队官兵阅读的书刊,内容兼顾部队官兵阅读、学习、生活需求的方方面面,为部队官兵搭建了一个良好的阅读平台。韩雨正是利用这个平台,饱享"文化大餐"。他说,是读书让他进步成长,给了他努力奋斗的方向。

受访者:韩雨(以下简称"韩")

采访地点:94675 部队

图:能否介绍一下您的大致经历?

韩:入伍前我是一名在校学生,从小学到高中共读了 11 年书,读高中时比较贪玩,再加上逆反心理,导致成绩下滑明显,在人生最迷惑的时候,我参军入伍。与其在家成天混日子,不如去部队好好地锻炼自己,做一个真正的男子汉。现在已经是入伍的第 9 个年头了,我也从一名青涩懵懂的小青年一步步成长为一名合格的军人。一路走来,遇到过许多坎坷和困难,但我感觉这都是个人成长进步的奠基石,是人生必不可少的一部分。

图:您是什么时候开始爱上阅读的?您爱读哪些书?阅读在您个人成长中起到了什么作用?

韩:我老家在安徽,那儿有一个小小的图书馆,在我的记忆中,我很小的时候去过,初中以后就不再去了。以前在家的时候只喜欢看小小说或者是故事会之类的书刊,入伍新兵的头两年,也没有太多的时间看书,那时候还没有阅读的习惯。入伍第三年,我进入汽车连队,需要写写画画的机会比较多,书到用时方恨少,感觉自己肚子里的墨水不够用,所以就开始走进连队图书室,利用业余时间看书,以此充实自己。平时我比较喜欢看心理学方面的书籍,这类书籍能及时调整我的心理情绪。通过对心理学知识的深入学习,我也掌握了心理疏导方面的一些技巧,在关键的时候能帮助战友排除思想方面的问题,特别是新兵思想不稳定,想家,常常忧心忡忡,每当这时,我就运用心理学,并结合实际情况,很耐心地给新兵做思想工作。我曾好多次成功地劝说了新兵放下思想包袱,专心锻炼,因为那些书籍让我知道自己该说些什么。

另外,对现实社会类的小说,还有人物传记我也很有兴趣。阅读拓宽了我的视野,阅读也有利于自己在人生观、价值观方面的提升。平时书读得多了,知识面拓宽了,感觉与战友谈心聊天也更有底气了,部队需要写一些材料的时候,也能派上用场了。从一开始因为"用"而去读书,到现在,我已经深深爱上了阅读。

韩雨——一名优秀的驾驶班班长

图:您的爱好对身边的战友产生过什么影响?您会与战友分享阅读的感受吗?

韩:阅读的效果会不经意地在你的一言一行中体现出来。我常常从连队图书室里借一些书到宿舍里看,或者执行任务时随身带上一本书。在与身边的战友聊天时,我的一些观点他们觉得新颖而好奇,我会告诉他们是哪本书中看到的,在不知不觉中他们对读书萌发出浓厚的兴趣,以及强烈的求知欲。现在我经常向战友们推荐一些图书,他们在阅读过程中碰到问题也常会与我进行交流,有时大家围绕一本书各抒己见,热烈的讨论又会感染其他战友加入到阅读的队伍中来,目前,我们连队的阅读氛围还是比较浓的。

图：杭州图书馆和部队共建阅读平台，给战友们带来什么影响了吗？您认为图书馆除送书以外还需要做些什么来丰富士兵们的精神生活？

韩：特别感谢杭州图书馆为我们战士搭建的阅读平台，我们的生活规律但单调枯燥，因为有了这些图书的陪伴，战友们不再感觉业余时间是那么枯燥无味了，每天都过得比较充实和开心。因为阅读，战士们之间的话题更多了，我们的感情也更深了。我感觉图书馆除了送书，还可以将其他丰富的文化活动送进来，如读书讲座、展览等。由于我们的战士都是一些年轻人，正处在好奇、好动的成长阶段，我们希望能有机会到图书馆参加读书沙龙或者军民联谊活动，扩大我们的视野，使我们能更全面更深刻地去了解社会。

韩雨在杭州图书馆的 94675 部队汽车连馆外流通点和战友们一起阅读学习

图：您读了这么多书，记忆最深刻的有哪些？能分享一下其中的精彩语段吗？

韩：我最喜欢的一本书是《朱镕基答记者问》，这本书收录了朱镕基同志在担任国务院副总理、总理期间回答中外记者提问和在境外发表的部分演讲。该书历时两年，经过 20 余位编辑人员根据音像资料、文字记录整理而成。此书忠实地记录了中国政府积极应对东南亚金融危机影响，深化粮食流通、财政税收改革，保持经济平稳较快发展，推进社会主义民主政治，保障人权，进行住房、医疗和文化体制改革等各项大政方针政策。

附记：

在我们的采访接近尾声时，汽车连连长刚好执行任务归来，说起读书，他马上滔滔不绝地说了起来："啊，我也很爱看书！我常鼓励战士们多看书！2008 年我是汽车连副连长，又兼连队联络员，考虑到战士们的学习需求和阅读渴望，就与你们图书馆联系，希望得到相关的帮助，结果得到图书馆的大力支持，建立了这个图书室，大大充实了战士们的业余生活。我现在很喜欢看军事方面和地理方面的书，还很喜欢看杂志，可惜你们没送杂志。我们指导员也是大学生，平时需要了解很多时事政策，法律法规的知识，也需要很多相关的书籍啊！”

同行的小杨赶紧说：“那我们以后再配送些杂志过来，不过基本上会是过刊，因为现刊首先要满足馆里读者的需求。”

“过刊无所谓的，只要有得看就成！我不怕旧的书，很多书虽老旧，但依然好看。我在高中时就看莫言的书，莫言现在是获得了诺贝尔奖，但我感觉他当初出的书更好看！1999年我就看《亮剑》，看得很入迷，可直到后来拍成电视剧，这部书才红起来。我特爱看反映我们军队生活的书，可惜这类书籍不多，而且写得不够真实。前几年读的《士兵突击》这本书倒真正反映了我们部队的真实生活！许三多是我们部队新兵的典型，他的许多行为我们新兵也曾经有过，是活生生的例子。如果你当过新兵，带过新兵，会感觉尤其如此。我当初看了这本书，写了好几千字的读后感，很有感触。特别是在他表现得很淘气，大出洋相的时候，我一下子就想到了许多新兵的例子。后来这部书被改编为电视剧，表现了很真实的人性。我们的生活很单纯，接触的社会很狭窄，只有阅读，才能开阔眼界。只是有时自己极想看某本书，而图书室里偏偏没有……”

我们赶紧说：“那您可以建议我们图书馆购买呀！我们图书馆本来就有‘荐购’服务的！”

汽车连连长快乐地笑了。

在我们即将离开的时候，与汽车连相邻的炮兵连指导员急匆匆地走进来，涨红着脸，激动地说“杭州图书馆的老师们，我有一个请求，可不可以给我们连队也送一些书啊，每当看到你们的送书车开进汽车连，我们的战士都特别羡慕，而每次我都得向他们连长讨一些书来，我们连的战士也非常非常爱看书！给我们也送些书好吗？谢谢啊，谢谢啊！”说完就和我们每个人紧紧握手，在场的人都被他惹笑了。

没错，这儿有一群爱读书的兵哥哥，他们如饥似渴地寻找着知识的源泉。这片营地期盼书籍的滋养，图书馆就是他们想象中的天堂。

（执笔：杨悦）

翻开一本书,点亮一盏灯

某服刑学员,男,1980 年出生,浙江人。该学员毕业于某高等专科学院,大学时期喜欢读书,毕业后当过公务员,后下海经商,社会生活的灯红酒绿使他渐渐迷失了人生的方向。入狱后,他利用担任监区阅览室图书管理员的机会,接触到了很多图书,包括该监狱定期从杭州图书馆统一借阅的法律法规、人生哲理、文学艺术方面的图书,他开始静下心,读书思考。回首前尘往事,感慨良多。2014 年 3 月 27 日下午,采访申请得到了监狱方的批准,我们终于见到这个迷途知返的勤学者。

受访者:某服刑学员(以下简称“学员”)

采访地点:某监狱

学员沉浸在书的世界

图:听说您很喜欢读书,能说说您与书之间的渊源吗?

学员:读大学时经常翻些杂志读,但真正爱上阅读还是在失去自由之后。刚进来的那段时间,由于心理上的极大反差,生活极其不适应,处处感觉单调、无聊,心情也浮躁烦闷,痛苦不堪。后来有一位挚友来探望我,他看到我这种状况,就很诚恳地说:“既然进来了,就静下心来好好改造,有时间多看看书,学点知识,好好地提升自己!”这话对我深有触动,后来我就常到狱中的图书馆借书看。

图:您最喜欢看哪些书?这些书对您有着怎样的影响?

学员:比如《新周刊》杂志,《超越挫折心理学》《国人必知的2300个法律常识》《普京》《大战俘》《富得像个人样》《酒局》《泡沫》等这些书深深改变了我的人生观和价值观。我原来是挺浮躁的一个人，读了这些书之后，内心渐渐趋于平静。原来本该好好思考而没有去思考的问题，现在已经会冷静地去思考了。以前的我，下班后总会在外头应酬、娱乐，不想回家，现在却深深眷念家的温馨、家人的亲情。是书籍点亮了我的心灯！我时常会想，假如之前我能一直保持读书的好习惯，多读一些对人生有帮助的书，我兴许不会误入歧途。

图：您读过的书中，对您影响特别深刻的有哪些？

学员：读大学时，我比较喜欢看《读者》《知音》那一类杂志，但对我影响最深的还是我在狱中读到的一些书。比如小说《泡沫》，写一个市委书记下海经商的经历，这个故事如同现实生活的翻版，给我感触很深。因为这个社会很浮躁，很多时候，人们会偏离原有的人生轨道，走上了另外的道路……也许，许多读者都可以从这本书中得到一些人生的经验与教训。

还有《超越挫折心理学》一书，里头有许多发人深省的故事，以及让人深有感悟的名言。在这个浮躁的社会中，人们的物质生活虽然很丰厚，可是由于缺少精神的支柱，内心往往非常空虚。这时，就需要书，需要阅读，需要精神的指引，正像王蒙所说的："坚持认真的、专心致志的阅读吧，它带给我们很多的希望，而如果我们只剩下了快速浏览，只剩下了多媒体的直观，我们的精神生活将会出现灾难。"书，是永远都缺少不得的精神食粮；阅读，是什么都不可替代的求真与求知的途径。

图：在高墙内，看书方便吗？您都是从哪些渠道获得书籍的？

学员：虽然是在高墙内，但最不缺的也许就是书。狱警为我们的阅读创造了许多条件，主要有以下4个渠道：

1. 这里有一个很大的图书馆，里面有品种丰富的书籍，供我们定期借阅。

2. 杭州图书馆在我们这儿建有专门的图书室，文学、艺术、哲学、心理、技术等各种门类都有，每月都会调换新的书籍，借阅也很方便。

3. 狱方会邀请社会上的书商到这儿来举办"大墙书市"，供我们自由选购，每年一至两次。

4. 狱警还允许我们家人带来我们所需要的内容健康的书籍。

图：您现在每天有多少时间可以看书？

学员：我们可供自由支配的时间很有限，每天差不多两个钟头吧。大部分时间我们得集中学习、出操、劳动，但是，只要你能充分地挤出时间阅读，积少成多，一年下来就相当可

杭州图书馆与某监狱共建阅览室

观。也就是这每天一两个钟头的阅读,极有可能改变自己今后的人生。因为人的世界观和价值观会因阅读而转变。

阅读的时间对我来说极其宝贵,我常常会因为看一本书而放弃其他娱乐,比如前段时间我被《大败局》一书所吸引,当其他人在集中观看电视剧《大战俘》时,我就捧着这本书争分夺秒地看,读得有滋有味。

图:听说您是这里的图书管理员?

学员:是啊。因为我特别喜欢看书,我们的教官就干脆让我当图书管理员。我就像照顾自己的孩子一样照顾这儿的书籍,也常向狱友推荐好书。记得有一个年轻人因抢劫而被判5年有期徒刑,他入狱后很委屈地对我说:“我才抢1000元,就被判了5年有期徒刑,而某某,偷了好几万元,才判3年有期徒刑!”我告诉他,虽然同属犯罪,但抢劫与小偷小摸有着质的区别,因为抢劫已经威胁到对方的人身安全。我推荐了一些法律的书,让他好好学学。现在,他已经通晓一些基本的法律常识,并对自己过去的行为追悔莫及。

图:假如没有图书馆、没有书,您的生活会是怎么样的?

学员:之前问我这话,我可能没有什么感觉,因为我总有忙的理由,基本不碰书,图书馆与我也没有什么关系。但是,现在的我,感觉就完全不一样了,书已经成为我生活中不可或缺的一部分。相对于外面的世界,我们高墙内的生活要单调得多,假如没有书,整个人就会跟世界脱节,所以我们更应该多读书。这儿的教官常常教导我们,把监狱当部队、当学校,把刑期当学期。只要好好改造,好好学习,有朝一日定会脱胎换骨,以全新的面貌出现在世人面前。

图:杭州图书馆除了送书之外,还提供了各种文化活动,如心理讲座、图片展览、文艺演出等,你参加过吗?您最喜欢哪一类型的文化活动?

学员:我听过杭州图书馆老师给我们上的文学讲座,还参加过监狱和杭州市图书馆共同举办的《钱报之友》摄影展等。我比较喜欢图书馆提供的摄影展、知识图片展等,因为我能从这些展览中看到大墙外的风景,了解到当今社会上的资讯。

图:喜欢杭州图书馆调拨过来的图书吗?之前有没有去过杭州图书馆?

学员:喜欢其中的传记类书籍,但我看的更多的是有关法律及心理学方面的图书。之前我从来没有去过杭州图书馆,听说那儿环境很好,很适合读书,出狱后,我一定要去看看。

(执笔:杨悦)

读书是我生活中很平常的一件事

张泽平，男，1930 年出生，铁路中学退休教师。从小就爱看书，高中开始在浙江图书馆借书，多年位居浙江图书馆个人借阅榜前列。退休以后，因住在杭州图书馆附近，又开始和杭州图书馆结缘，现在与杭州图书馆生活主题分馆的很多工作人员都成了朋友。在和图书馆相伴的 60 余年光阴中，借阅的书籍类型从武侠小说到苏联文学，及其他外国文学，再从中国解放战争小说到如今的报告文学、传记，这一变化不仅反映了张先生在不同年龄阶段的思想状态，而且是中国社会 60 余年风云变幻的写照。

受访者：张泽平（以下简称“张”）

采访地点：杭州图书馆生活主题分馆

图：张老师，生活主题分馆开馆之际，您作为读者代表致辞。80 多岁高龄的您最大的乐趣还是读书，对吗？

张：是的。读书并不是一件高大上的事，其实它就像吃饭、睡觉一样，既平常，又不可或缺。

我小时候不像现在的孩子有那么多动画片可看，有那么多游戏项目可玩，我们除了上课、回家，其他时间基本上是在看书。因为喜欢看书，所以从小就喜欢泡图书馆。读小学时正逢抗战逃难，我在贵州遵义插班上课，那时我的数理化很差，但是很爱看书，书大多是从学校图书馆借的。想不到吧，小学的我已经在读沈从文的书了。

初中在杭州安定中学（现杭州七中）就读，那时候开始去浙江图书馆借书。20 世纪 70 年代末，浙江图书馆举行“读者借阅总量排名”活动，取前 20 名，我第一次入榜是 14 名，第二年就上升到第一名，个人借书总量好像是 1000 多册，奖品是一个指甲刀，到现在我还保存着。退休以后，我就经常在浣纱路的杭州图书馆借书，每周都去，与杭州图书馆的几位工作人员都很熟了，他们每次见到我就像见到老朋友，感到很亲切。前不久，浙江图书馆举行“我与图书馆”征文比赛，我也去投了稿并获得优秀奖，文章叙述的是我与图书馆相伴 60 多年的感受与心得，现在这篇文章还在浙江图书馆内收藏。

我读的书很杂。随着年龄的增长，我的阅读喜好也在发生变化。小学的时候看武侠书，如《七侠五义》《七剑下天山》；中学的时候，我主要借一些苏联或俄国作家的书，像肖洛霍夫《静静的顿河》、托尔斯泰《复活》；现在主要看纪实文学、报告文学、人物传记、军事题材的书，叶永烈的书我全部都看过，他出一本我看一本，因为他的书写得挺真实。

张泽平在杭州图书馆生活主题分馆开馆仪式上剪彩

图：我们常常会说因为看到一本书或者读到书中某个语段而改变了整个人生观，您有没有这样的体会？

张：因一本书或者某个语段而改变人生的观点，我体会不深。读书对我来说其实就是一项业余爱好，我不是做文学研究的，没有太高深的理论。当然看书看得多收获一定多，比如可以积累为人处世的经验，文章写得更顺溜，看电影也更容易理解……记得有一次，我们单位播放《静静的顿河》原版的电影，我听不懂俄语，但是因为看过这套书，电影中的对话内容我基本知道，所以就看得津津有味。

图：据我们了解，您与图书馆的渊源不仅仅是因为爱读书，您的工作与学习都与图书馆有密切关联，是吗？

张：是的。我高中毕业后进入铁路系统工作，刚开始是文化教员。当时单位里有一个图书馆，但不对外开放。我因为很喜欢读书，就向领导提出去图书馆工作。在铁道科学图书馆工作的那几年，我把图书馆的书全部进行了整理、分类，并开始外借。

当时铁道科学图书馆里就我一个工作人员，那时候年轻嘛，觉得应该多学一些，特别是图书馆专业方面的知识，于是就去报考了图书馆学专业的函授，1956年开始在北京大学学习，当年中国著名的图书馆学家、北京大学图书馆学系的教授刘国钧给我们上目录学、版本学等专业课程。但是学了两年后我被下放到杭州车站当钳工了，后来又调去支援一线，去南京浦口做水手了，一年多以后，又调回杭州任体育老师，虽然工作离开了图书馆，但图书馆从未从我的生活中消失。

张泽平在杭州图书馆看书

图：张老师，在您与图书馆结缘的60余年里，见证了图书馆的几度变迁，您能谈谈对不同时期图书馆的感受吗？

张：图书馆最大的变化就是开架了，就像超市一样，找书自由方便。以前借书都要抄一张单子交给图书馆员，由他们从书库里把书取出来给我们，一次只能取一本。另外就是图书馆的活动多了，讲座、戏曲、沙龙、音乐会等，应有尽有，这类的活动我也会去参加。还有，现在馆舍的条件好了，技术进步了，来图书馆的人也多了……

图：张老师，作为热爱读书的一名老读者，能否请您给我们生活主题分馆的工作提些意见和建议？

张：杭州图书馆生活主题分馆是国内首家独具特色的馆，这很好。生活主题分馆地处市中心，市民借书看书很方便。但目前只突出生活主题类图书，不太能满足像我这类读书很杂的读者。所以我每周都会去钱江新城的杭州图书馆借书，顺便与图书馆的老朋友像陈洁、沈艾等见见面。

我几乎每天来浣纱路的生活主题分馆，我发现有些书有五六个复本，但没人看，有些书复本量太少，还有些书没有馆藏，比如《西游记》导演写的一本书叫《敢问路在何方》，介绍本剧如何拍摄，很详细，很有趣，但我发现不管是浙江图书馆还是杭州图书馆都没有这本书的馆藏信息。

我经常关注出版社的图书出版信息，如果你们需要的话，我可以给你们图书采购工作定期提供一些有用的信息。

（执笔：张红霞）

读书是女人最好的护肤品

郭惠娟，女，1963年出生，浙江杭州人。1987年毕业于杭州市化工系统职工大学，现为杭州电视台民情观察团成员。从小喜欢读书，从1984年在杭州图书馆办理第一张借书卡以来，就开始与图书馆结下不解之缘。起先在图书馆只是借借书，后来因为女儿在杭州少年儿童图书馆的“六一”读书演讲比赛中得了优胜奖，才知道图书馆原来已经发展成一个多元化的文化空间，人人都有机会在这个文化空间里展示才艺，一显身手。后来应邀在杭州图书馆的读书活动中做嘉宾，主讲内容有“生活中的读书”“杭州，一个平民的城市记忆”“老杭州的过年习俗”等。

受访者：郭惠娟（以下简称“郭”）

采访地点：杭州图书馆社会文化活动部

图：您是杭州图书馆的老朋友了，您最初是如何跟杭州图书馆结缘的？期间又发生了哪些有趣的故事呢？请和大家分享一下。

郭：我不是书香门第，我对书的渴望与生俱来。我妈妈常这样评价别人：“这人是读书人，做事多有道理！这人不读书，听他的不靠谱。”那时候，我就把人分为文化人和非文化人。对我来说，书籍是除了食物之外最宝贵的东西。我有一个很小的木箱子，里头放满了我的小人书，有的是我买的，大部分都是我帮同学做事换来的，那是我童年最宝贵的财富。

中学时期，我是班里的图书管理员，每天一放学就到学校图书馆去帮忙，因为这样就可以借到内部图书。所谓“内部图书”，就是不对外出借的小说，如儿童版《水浒》之类的，学校担心借出去后一学期也收不回来。内部图书只能借一天，我只能晚上打着手电拼命读，结果练出了一目十行的本领，也把自己读成了大近视眼。我的同桌有次带了一本《牛虻》到学校，他说是从他爸爸那儿偷出来的，放学后要还回去的。那天，我上午四节课，连带中午休息时间，一口气看完了这本书。看到封皮上蓝色的章“杭州图书馆”，我奇怪地问，杭州图书馆的书也可以借吗？他说，他爸爸是报社的，有杭州图书馆的借书卡。那时候的杭州图书馆在浣纱路上，周围的文化气息很浓，庆春路上有《浙江日报》社，浙江广播电台等。每次从图书馆门口路过，看到里面的人捧着书走出来，我都非常羡慕，我也很羡慕同学的爸爸。那时候，拥有一张借书卡是很了不起的事。

当电视、网络成为生活不可分割的一部分的时候，谁能想象我们要在新华书店连夜排队才能买到一本自己喜欢的书的日子？谁还记得当年的借书卡是那么抢手，要凭单位的证明才能办到？

工作后，我主动要求下班后去厂里的图书馆帮忙，就是为了能看到内部图书，但令我失望的是，工厂图书馆很小，只有一个房间，就在工会会议室里面，书也少得可怜，除了政治宣传书外，就是一些小人书，我去了几次就再也不去了。

有一天，工会大姐对我说："你那么喜欢看书，可以去办张杭州图书馆的借书证。"我既高兴又惊讶，原来我也可以办借书卡啊。工会大姐说："杭州图书馆和工人文化宫图书馆在每个单位都有借书卡发放的，申请的话要有单位证明，你写个申请单，找工会主席审批，有机会我给你办一张。"

不久后，我拿到了第一张杭州图书馆的借书卡，红色的封面，好几页厚，每页上有借书日期、借书栏、还书日期，一次能借两本书，借期两个星期，续借不能超过两个星期。我捧着这红色的借书证，比我新买了手表还要高兴。

那是个对文化如饥似渴的年代。看了10年"样板戏"的人，终于能读到久违的优秀图书了！以前在课堂上听语文老师偷偷讲过的外国文学作品，现在能亲眼读一读了！那一年，新华书店出售中外优秀名著，傍晚门口就排起了长龙。那是在初冬，大家排一个通宵就是为买到渴望已久的书。据说，那时候一本《简·爱》就能哄一个姑娘，一套《飘》能换一张自行车票。因为借书卡，我在车间一下子大受欢迎。我每次去还书，同事们都争先恐后地要陪我去，因为这样他们就可以第一时间在图书馆看到书了，而且也可以选择自己喜欢的书。这让我尝到了做"小头头"的骄傲与自豪。

书看得多了，我就试着自己写写，后来这事就在单位里传开了。有两件事让我特别有成就感，一是我写的小诗在系统得奖了，单位里还将获奖的诗印成了小册子；另一件事就是我替同事写的情诗在比赛中得了三等奖，他因此抱得美人归。其实，那首诗是模仿仓央嘉措的，我在杭州图书馆借了本《仓央嘉措情诗》，印象很深刻，不知不觉就在笔端流露出来了！

有了借书卡后，我就去阅览室看报纸，查资料等。当时去阅览室的都是我们一样的青工，我们在一起互通成人高校、培训班的招生信息，也共享复习资料。20世纪80年代，在文化娱乐相对匮乏的年代，是图书馆带给我莫大的阅读享受。

算起来，从80年代初我拥有第一张杭州图书馆借书卡开始，到现在已经有30多个年头了，图书馆越来越大，功能越来越多，互联网越来越发达，但我对图书馆的情缘却依然不变。

郭惠娟在吴哥窟与当地可爱的小朋友合影

图:您到图书馆仅仅只是借书吗?

郭:起先是只借书。随着电视的普及,文化生活的丰富,同事们对图书不再向往了,而我自己也因为结婚生子,渐渐地也去得少了。我再次走进图书馆,是女儿读小学后。可能是小时候经常给她讲故事的缘故,女儿的作文写得特别好,后来成了少年宫小记者班的学员,老师让他们去杭州少年儿童图书馆办借书卡。这样,每个周六,我就带她去图书馆借书,再去植物园玩,我买了小吊床,绑在植物园的树上,看一个下午的书。刚开始的时候,她借的是《儿童画报》《儿童时代》等儿童读物,随着阅读能力的提高,后来读的书也就杂了。有段时间,她对植物感兴趣,就借百科全书,在去植物园的时候,我让她把百科全书的植物篇带上,可以对照着看。那繁花似锦的草地、树林,总是让我喜欢,小女儿更开心得不得了。她把书合上,指着花朵说:“妈妈,你知道这是什么花吗?”除了寻常的牡丹和玫瑰,大部分的花我都不认识。她得意地翻开书说:“妈妈又错了,这是冰岛虞美人,那是雏菊……书上都有的,妈妈就不好好读书!”

那天在杭州少年儿童图书馆借书,刚好看到图书馆在举办“庆六一”演讲赛,题目不限,就顺便让女儿报了名。比赛的那天早上,我们匆匆赶到少年儿童图书馆,好家伙,这么多人!爸爸妈妈,爷爷奶奶都来了!啦啦队比选手还多!孩子们的演讲内容都太感人了,我想起了女儿的演讲稿,暗暗担心。轮到女儿上台了。她说了开场后,就大声说:“首先,我的爸爸妈妈要有好多钱,还要有小汽车。"台下的人一下子笑开了,糟糕的是,她一看大人们都笑了,不知是紧张还是得意居然把内容都忘了,就信口胡说:"我要钱买好多好多好时巧克力,我每天能吃五颗,我有车,我天天坐 CAR 上学。"旁边的人问我,是你女儿吗?我不语,恨不得钻地下去。女儿却很开心地下来了,她说她还拿到奖了。我吓了一跳:"谁说的?"她说:"这么多人鼓掌,不是奖吗?"真是傻孩子!最后她获得了优胜奖,奖品是一本精美的笔记本。自从得奖后,女儿更有了动力,有空就到图书馆,乐此不疲。因为书看多了,她的作文也常常得奖,也顺利进入了她心仪的初中。

图:爱读书真是好习惯,看来图书馆在您孩子的学习生涯中扮演着很重要的角色啊?

郭:是的!起先听女儿说要和同学去图书馆复习功课,我当时的第一感觉是她要去玩。想想家里一个人,独立的房间,没人打扰,安安静静的多好,图书馆人多嘈杂,还可以上网,还有各种杂志看,能安心读书吗?当听说去自习室还要排队领号,心里更嘀咕:人太多了,能安心吗?我不放心,就偷偷地跟了去。她这回去的是浙江图书馆,人确实很多,但我的担心是多余的,偌大的阅览室几乎是鸦雀无声,孩子们都在安静地做作业,有时又小声地讨论题目,偶尔声音稍微响点,就会有人"嘘"的一声,加以制止。学习是需要氛围的,在图书馆,同学们一起互相激励,那儿资料又多,可以共享,比一个人在家里冥思苦想要好多了。

2008 年,市民中心的杭州图书馆新馆开放。女儿绘声绘色地向我描述:"杭州图书馆比浙江图书馆还要大。在阅览室和自修室的每张桌子上,都放置了台灯;各个角落还有一张张舒适的大沙发,藤制的、布艺的,让人感觉十分舒适;里头还有一个音乐图书馆,年轻人都非常喜欢……"我忍不住好奇,又走进了杭州图书馆新馆。新馆真的很大,开放区域有三层,每层都有阅览室,里头全是开放式书架,找书更加方便。累了,可以到音乐图书馆听歌,高保真的音响,戴着耳机也不影响周围人。最方便的是,用不着办借书证了,一张市民卡开通图书馆功能,就可以借书了,还可以在社区图书馆归还,真的很方便!最让我满意的是,中午可以去市民中心的食堂吃饭,价格便宜,又卫生、安全。

女儿在杭州图书馆度过了高中的每个假期,图书馆为她紧张而枯燥的学习生活增添了不少亮色。那时候的暑假,学校的补课结束后,她就和同学去杭州图书馆复习,一周 5 天,乐此不疲,直到考上了外地的大学。即使现在,每年假期同学聚会,他们也常常会选在杭州图书馆,因为在那儿有他们既紧张又快乐的高中时光,有最难忘的青春记忆……

图:您是怎么从图书馆的普通读者转变成为读者活动的主讲嘉宾呢?

郭:2010 年的一天,我去杭州图书馆借书,看到楼梯口有个讲座的通知,是我喜欢的话题,地点是三楼第9研究室。我到了门口,门关着,里头有辩论声,我以为是图书馆内部的活动,就没敲门进去。

打那以后,我比较关注图书馆的讲座活动了。直到有一天,认识了夏立春(杭州图书馆读者会的会长),他邀请我加入他的读者群,我就去参加了几次读者群的活动,这些活动都是由读者担任主讲。听多了,心痒痒的,就主动提出做一次嘉宾,讲一下老杭州的故事。当时我的讲题是"一个平民的城市记忆",从吃、喝、玩、乐,讲到老杭州的风情民俗,还配了图片。虽然因为内容比较多,而我第一次做主讲嘉宾,没有经验,只希望快点讲完,但是,因为讲的都是大家身边的事情,有共鸣,反响还挺不错。有位大姐请我把照片重放一遍,放得慢点,她一边看,一边说:"我们小时候住的房子就是这样,天井里也有井,我们还跳牛皮筋,我可厉害了,跳得最高呢!"这让我越讲越镇定,越讲越有信心。

2013年的大年初一,杭州图书馆请我做"老杭州的过年习俗"的讲座。一早工作人员就早早摆好了糖果、花生以及老杭州的糕点等,架好了投影仪。我从祭祖、年夜饭、压岁钱等方面讲了老杭州过年的习俗,等到全部讲完了,人散了,有位老先生过来语重心长地对我说:"你讲得很好,但你没讲清楚,这个老杭州的时间概念,应该是20世纪60年代到20世纪80年代,这个你应该交代一下,要不年轻人会误解的。"工作人员告诉我,老先生是杭州图书馆的老馆长,我为老馆长的认真所折服。杭州图书馆的工作人员都非常敬业!

郭惠娟与读者分享"老杭州的年味儿"

图:除了读书和讲座,您还参加过杭州图书馆的其他活动吗?

郭:我还参加过杭州图书馆的征文活动,得了个小奖,奖品是我最喜欢的书券,很开心,又能买心仪的书了!我喜欢看书,也喜欢藏书,但现在很少买书了。因为现在书的价格高,再说杭州图书馆的新书多,借书很方便,也为我节省了许多买书钱。

图:现在图书馆在你的生活中占据什么样的位置?

郭:图书馆一直是我生活中不可或缺的一部分,现在更是如此。我以前一直以为图书馆就是借书读书的地方,现在知道,图书馆是一个多元的公共文化空间,是联结读者与读者之间的纽带,特别是杭州图书馆生活主题分馆,跟生活结合尤为紧密。除了读者会,还有讲座、电影、音乐、手工、茶道、美食等活动,囊括了生活中的点点滴滴。我在生活主题分馆品尝过美食,学过中国结的制作,也看过原声的外国电影,还听过平安英语课,还有比较实用的法律讲座……现在通过图书馆,获得的远不止是知识了!

我们读者会的活动也从室内活动走向室外。每月一次的"寻找杭州记忆"活动,由读者会的杨老师带领我们走遍杭州,寻觅杭州的名人故居、名人踪迹,以及民间传说、民间手艺……很多地方连我这个土生土长的老杭州人都不知道。

图:看得出来,以书为友,在图书馆参加种种读书活动,让您过得很充实,很开心?

郭:我喜欢把人分为读书的人和不读书的人,我愿和读书人交往,"腹有诗书气自华",书是最好的老师,无论你处境多么艰难,你总能在书中找到方法;无论你如何飞黄腾达,书会告诉你不要得意忘形。喜欢读书的人,自然会有那份从容和淡定,那种宁静和温和。

我在20世纪60年代初出生,但很多人都说:"看不出您的年龄,您皮肤这么好,您怎么保养的?"我要告诉大家,我没有用昂贵的化妆品,读书是女人最好的护肤品。

(执笔:张红霞)

图书馆，创作的第二源泉

汪浙成、楼奕林夫妇，著名作家。

汪浙成，著名作家。1936 年生，浙江奉化人，笔名齐放。中共党员，毕业于北京大学中文系。历任内蒙古作协《草原》杂志编辑、编辑组长、编委，浙江省作协副主席，《江南》杂志主编，中国作家协会全国委员会委员。主要作品有长篇纪实《女儿，爸爸要救你》，散文集《人生如瀑》《人生伴侣》《第三碗奶酒》《草原蜜》，剧本《大兴安岭人》和中篇小说集《土壤》《别了，蒺藜》《早逝的爱》《心的奏鸣曲》《小太阳的苦恼》《汪浙成、温小钰小说选》等 10 余种。汪浙成先生从小热爱阅读，后来因为写作《女儿，爸爸要救你》一书，更是成为杭州图书馆的常客……

楼奕林，著名作家。1948 年生，浙江萧山人。毕业于杭州大学中文系。历任《东海》杂志诗歌编辑，《江南》杂志诗歌、散文编辑，国家一级作家，著有诗集《野鸽子》《荆棘鸟》，散文集《水之缘》《萤火河》《人文浙江》等。她一直是杭州图书馆的忠实读者，曾在杭州图书馆查阅了大量资料，写成了《人文浙江》一书，从旅游这一现代时尚生活方式切入浙江的文化层面及内涵，是浙江第一部全境完整的“人文风物图志”。退休后，她开始学习绘画，从杭州图书馆借阅大量名人名家画册阅读、研究、临摹，这些画册是她学画的最好老师。学画 6 年，已有作品刊登在《江南》杂志和《中国作家画院浙江分院作品集》中，现为中国作家画院浙江分院特聘画师。

受访者：汪浙成（以下简称“汪”）、楼奕林（以下简称“楼”）

采访地点：杭州图书馆文献服务与出版部

图：汪老师，听说您与图书馆有着非同寻常的情缘，能详细说说吗？

汪：直到现在，我对图书馆仍怀有一种特殊的情怀。当我还是个年轻大学生时，我的爱情就在未名湖畔图书馆里孕育成熟。同年，我幸运地发表在全国报刊上的处女作，歌颂的仍旧是图书馆。可以说，我的创作道路就是从图书馆起步的。我非常赞赏博尔赫斯对图书馆的美好感受，他在被任命为阿根廷国立图书馆馆长时写的一首《关于天赐的诗》

中说：

我心里一直都在暗暗设想，

天堂应该是图书馆的模样。

说真的，人被图书重重包围，会产生一种亲近文化、置身天堂的美好感觉。

至于如何同杭州图书馆结缘，这要缘于贵馆馆长褚树青先生在报上的一次媒体访谈。他对媒体表示，要突破传统的办图书馆理念，把新迁到市民广场的杭州图书馆办成市民大书房，面向包括乞丐、拾荒者在内的全体市民开放，一时引起热议，也引起我和家人的极大兴趣。两人于是结伴从城西斜穿整个杭城，特地前来见识体验，当即就有一种“百闻不如一见”的惊喜。说实在，这几年我们也曾到过一些地方和国家，也参观过那些地方的图书馆，不论硬件还是软件，杭州图书馆都不比它们差。那天，我们参观了包括音响在内的图书馆各种设施，和包括低幼部专题文献中心在内的各部门管理情况，中午又在食堂吃了快餐，看书看累了还到钱塘江边遛弯儿小憩。在杭州图书馆里体验了整整一天，坐拥书城，真有一种博尔赫斯老人说的美好亲切的感觉！

作为一个天堂城市的市民，我为自己城市拥有这样一座图书馆而感到由衷的自豪，更可贵的还在于，这样好的图书馆，不是少数人的专有，它是所有市民的大书房！

汪浙成出席杭州图书馆“作家公社”成立大会

图：楼老师，听说您与杭州图书馆是几十年的老朋友了！您最初喜欢借阅哪些书籍？您成为一个诗人和编辑，与您的热爱阅读一定是有关系的吧！

楼:我一般到图书馆都是借阅自己家里没有,但写作很需要的书,资料性的较多。我从小是个读书迷,就是喜欢看与学习无关的闲书,最爱看的是小说。为了看闲书,小时候没少挨母亲的骂,也没少挨老师的批评。但是,很多年以后,母亲在批评小妹妹的时候,竟然说了这样一句话:"学学你三姐,多看点书!"(我在家排行老三)我以后从事文学事业,跟我从小爱看闲书是绝对分不开的,文学素养是要一点一点润物无声地慢慢积累的。

图:汪老师,听说您那本著名的纪实文学《女儿,爸爸要救你》与杭州图书馆很有渊源,能说说具体的成书过程吗?本书后来在社会上有怎样的反响?

汪:《女儿,爸爸要救你》是一部融真实性、文学性和科(医)学性为一体的纪实作品。从去年人民文学出版社出版以来,已经一年多了。在此期间,我不时接到一些读者特别是白血病患者及其家人的来电来信,说该书不但在精神上给了他们鼓舞,在具体治疗上也给了他们不少启发和帮助。前些天,我读到白血病患者黄祁博家人的信,说祁博在病房里排异最严重和绝望的时候,是这本书激发了他的斗志和信心,表示也要用坚强去战胜病痛,用感恩来回报社会。他从移植舱出来刚被允许使用电脑便开始了书写,严重的并发症致使他视野不断缩小直至单眼失明,也没能阻止其写作。得悉2014年10月亚太骨髓移植会议(APBMT)将在浙江大学召开,他报名参加会议志愿者,并将献上记述他顽强抗争的长篇纪实作品《浴火涅槃》。

《女儿,爸爸要救你》一书的写成,就是得益于杭州图书馆。书中涉及白血病治疗的专业知识是我在图书馆内前后花了半年多,查阅了大量有关资料后才形成文字的。尽管此前医生在抢救我女儿过程中,所采取的对症治疗的措施和用药,我事后均做了追忆记录。但对其病理、机制、药理以及某些专业名词,由于种种原因,无法详细询问。为了对读者负责,特别是像涉及攻克白血病这样事关生命的治疗用药,一定要做到表述规范准确。两位治疗医生在从头至尾地审读本书后,对全书在医学专业知识上的准确表述,都感到很惊讶。

该书在2013年1月正式出版前,《中国报告文学》杂志已于2012年11月号上选载。此后,《人民日报》《文艺报》《文汇报》《经济导报》《读者》《知音》和《作家文摘》等报刊做了撰文评介。5月1日《新民晚报》开始连载。当年,被人民文学出版社和贵州人民出版社分别收为《2013报告文学》佳作年选。

图:汪老师,继《女儿,爸爸要救你》之后,听说你又到图书馆借了许多书,是为了下一本书的创作。我们很好奇,下一本要写的是什么书?您能从图书馆的资料中获得自己需要的信息吗?

汪:20 世纪 50 年代末我从北大毕业后分配到内蒙古工作,长期在一家杂志社供职,后来当了专业作家。20 多年来,我从内蒙古尽东头的大兴安岭呼伦贝尔草原,到最西边与新疆接壤的额济纳旗居延海,走遍了内蒙古广袤大地,深入牧区、农村、沙漠、林区和草原钢城,经历了种种见闻亲历,积累了 20 多本笔记。一个个富有情趣的鲜活人物和令人怦然心动的人生感悟,老让我放不下。趁着眼下大脑尚能工作,就整理了几则出来。那里既有宁静旖旎的牧歌式草原风光和独特绚丽的民族风情,更有现实生活中剧烈的政治斗争的无声硝烟,还有对种种往事的追述和抒怀,自觉还有点意思。在 2014 年年初申报创作计划时,想再写一部长篇纪实,题目暂定为《流逝在草原的日子》。我所在的单位,推荐它为重点扶持作品上报全国作协,6 月《文艺报》上公示后经专家评审,领导竟批准同意了。

我对自己这部作品的定位是,不仅要有鲜明的时代精神,浓郁的民族特色,还力求具有凝重的历史纵深感。做到这最后一点并不容易,自知仅仅凭我手头上已有的那几本笔记,还是不够的,需要再读一些有关内蒙古的书。我自然又想起阅览借读均极为便捷的杭州市图书馆,于是又来借阅收集有关的资料。承蒙工作人员大力协助,对诸如《蒙古秘史》等书,在借阅时间上给予了适当的照顾,为我的写作提供了很大方便。

图:楼老师,听说您也借助杭州图书馆的资料写成了《人文浙江》一书。当初怎么想到写作《人文浙江》的?为了写作这本书,您到图书馆查阅了多少资料?

楼:《人文浙江》这书是广东旅游出版社约的稿。当时,我并不想做这件事,太庞杂繁复了。但一因编辑的再三恳求,二因我工作需要,跑过浙江的许多地方,也写过一些游记,但从来没有系统地整理总结过,是一次很好的机会。所以接下了这个活。我对编辑说,要是为赚稿费,还不如钟点工的收入,我纯粹只是为了梳理自己对浙江山山水水的了解。这本书从查资料到写作,整整花了 4 个多月。我在杭州图书馆的内部资料室翻阅、查找,借阅了几十本有关的书。

图:楼老师,有人称《人文浙江》是"浙江第一部全境完整的'人文风物图志',填补了出版界在这一内容与形式上的空白",您是如何看待这句话的?

楼:这本书中写到的 100 多个景点,我可以说基本都去过,当然,有的是二三十年前就去的。我只是从我自己的视角,结合历史、人文、风俗来介绍它们。至于这类评价,只能说仁者见仁,智者见智。对于作者来说,只要读者能认可、能喜欢,就是最大的回报。

图:读者的高度评价首先当然是因为您的文采;其次,还有本书浓郁的人文气息!这些气息是否与您查阅的资料有关?

汪:浙江的每一个风景点里,都饱含着历史的积淀和人文故事,这一些,有大量的记载,我要做的,就是从大量的资料中寻找到它们,然后用自己的语言叙述给读者听。所以,当然跟我查阅的资料有关了。

图:楼老师,听说您退休后痴迷于书画创作,就以杭州图书馆的书画集为师,而且还出了不少成果。能说说您学书学画的具体经历吗?

楼:我从小对绘画很向往,觉得画家简直像上帝,花、鸟、人物,想创造谁就创造谁,这辈子最大的遗憾是没能成为画家。退休后,为了使自己的生活不无聊,我必须找到一件喜欢做的事,所以决定学画,以圆我童年梦想。我历来是一个自由自在的人,不喜被束缚,所以也就不求师也不进老年大学。但画画毕竟有技术,名师能出高徒,现实中没有这样的机遇和条件,所以我就到杭州图书馆借阅名家画册研摩,我专挑自己喜欢的画家的画册,只有喜欢了,才能学得好。这两年,我画了50多种花,从中能看出我学习齐白石、林风眠、吴冠中、任伯年、吴昌硕、石壶、吴茀之、曾宓等画家的足迹。我画画,不是想有什么成果,或成为什么家,只是因为喜欢,因为它能让我内心安静、充实。

楼奕林在享受绘画的快乐

图:很高兴听到这些!图书馆几乎成了你们这些名作家创作的第二源泉了!汪老师,听说您还参加过杭州图书馆作家公社的成立大会,还代表到会嘉宾做了精彩发言。您对作家公社这个公益的多媒体文化交流平台是怎么看的?

汪:我觉得这是图书馆为打造一个集学习、交流、创意、展示为一体的第三文化空间的创新举措。没有现成的经验可借鉴,需要多做,在践行中摸着石头过河。

图:汪老师,您还与浙江省图书馆有过一段交集,是吗?

汪:我在上面已经讲过,对图书馆一直以来怀有一种特殊的情怀。浙江省图书馆当时在新馆选址问题上,与有关部门一直协商不好。那时,我作为省政协文体卫工作委员会成员,在钱法成主任(原省文化厅长)带领下,对浙江省图书馆的选址问题进行过多次视察,委员们大都倾向于浙江省图书馆领导的意见。那时与他们接触较多。新馆建成后,他们邀我去做过两次讲座。大概是20世纪末,浙江省图书馆要收藏浙籍作家获奖作品手稿,通过当时主持省作协工作的王旭烽来做我工作,我当即将我和温小钰合作的获第二届全国优秀中篇小说奖《苦夏》的手稿,无偿地捐献了出来,图书馆还给我发了荣誉证书。

图:汪老师,听说您还加入了浙江省文学志愿者中心,热心公益服务,前不久还接受了杭州少年儿童图书馆太阳风文学社小记者的专访,与他们深入探讨了文学与生活的相关问题,能说说具体情形吗?

汪:杭州少年儿童图书馆太阳风文学社成立以来,赢得了爱好文学的少年儿童及其家长们的喜爱和好评。在一次省文学志愿者中心举办的活动上,文学社负责人邀请我为小记者们做个专访,我就欣然答应了。

按照通常的专访要求,小记者们都要上家里来登门采访。可我家有病人,只好改在附近的公园里进行。出乎我的意料,那天来采访的小记者们,一个个都事先认真地做了准备。他们不但从网上买来我的作品,还查阅了有关我的大量资料。所提问题大多结合自己实际,诸如:如何写好作文?怎样提高自己的阅读欣赏水平?怎样培养自己成为一个作家?等等。我以自己如何走上文学道路为例,突出强调两点,一是加强阅读,二是留心观察,做生活的有心人。最后,孩子们要我对他们提点希望。我说今天我不再重复别人已经讲过的“好好学习,天天向上”,只提两点,第一,孝顺父母;第二,尊敬老师。一个既不孝顺父母也不尊敬老师的人,怎么可能去关爱别人,做一个有出息的作家!

(执笔:张巧艳)

图书馆,一个轮椅蚁族的温馨港湾

欧阳胜,男,1972年出生。建德市"青年英才",杭州市残疾人艺术家协会副会长,浙江省作家协会会员,中国残疾人作家联谊会首批会员。自称文学"钉子户",自由追梦人。

他出生在北方,成长于江南,虽经历坎坷,但乐观向上,热爱生活,热衷公益。20年舞文弄墨,收获颇丰。《人民日报》社老社长邵华泽将军欣然为其作品题词,著名作家、编剧邹静之以"诗比生命长"勉之,浙江省作家协会副主席、茅盾文学奖获得者王旭烽为之作序褒奖。

2001年10月,他来杭打拼,凭借手中之笔,写诗作文,以自强精神铸就其不凡之人生,也从此与杭州图书馆结下不解之缘。

受访者:欧阳胜(以下简称"欧阳")

采访地点:杭州图书馆文献服务与出版部

图:能简单介绍一下您的大致经历吗?

欧阳:我的经历很特别,貌似有点曲折,甚至有点小文艺。

从小在北大荒出生,并因意外没吃到小儿麻痹症糖丸(疫苗)而偏巧就得了小儿麻痹症,最终导致下肢瘫痪。好在有父母的疼爱、姐姐的呵护,让我在爱的环境下长大,心里一直很阳光。毕竟腿不好,无法像其他小朋友那样欢蹦乱跳,敏感的我很努力,希望能够跟别人一样,甚至做得更好。小学毕业那年,举家南迁,我回到了南方老家建德大同——一座江南小镇。由于学习认真成绩好,从小到大,我在学校里一直享受着"平等待遇",也和同学打打闹闹,亲密无间。许多老师和同学都背过我,一直把我"背"到了高中毕业,让我心怀感恩。为此,我非常渴望通过自己的努力,做一个对社会有用的人。

重残在身,难以回避,从小镇到县城,各种努力求职,全部以失败告终。

幸运的是,经《建德报》方路老师引荐,建德图书馆柯孟山老师免费为我办了一张借书证,还破例允许家人帮我把一些文学杂志借回家看。说起来可能都没人相信,因为山城岭多台阶多,出门极为不便,十年间柯老师来看过我好几次,为我荐书送书,可我却一次也没去过建德图书馆，至今仍非常遗憾。也就是从那时候起，我就同图书馆人结下深厚的情谊。

在那离群索居的十年里，我几乎足不出户。看书成了我的每日功课，写作成了我的唯一职业，只能在纸上行走，并渐行渐远……

2001 年秋，一无所有的我，毅然决然地坐着轮椅到杭州打拼，用多年读书广泛涉猎得到的知识，求职谋生。十几年里，我左手生存，右手梦想：不停地劳碌奔波，做过知名企业的首席企划，也与人合伙办过广告公司，还在报社工作过；逆风而行，一有空就看书写作，参加公益活动，片刻不得闲……

2010 年夏，在《人民日报》老社长邵华泽将军和著名编剧邹静之老师、省作协副主席王旭烽老师的关心下，我出版了以拼搏和感恩为主题的散文集《路在远方——一个"轮椅蚁族"的心路历程》，并在浙江农林大学举办了作品研讨会，著名作家王旭烽、嵇亦工、孙昌建、夏烈等都给予了很高的评价。现在，浙江图书馆和杭州图书馆都有这本书，还都收藏了我的签名本。

如今，我在西湖区残联上班。依然左右开弓，忙着累着，并追求着。

欧阳胜在杭州少年儿童图书馆接受小记者采访

图：同杭州图书馆结缘，是在您到西湖区残联工作之后吧！

欧阳：说起杭州图书馆，最早自然是在纸上邂逅，从媒体上看到很多有关杭州图书馆的报道，那种人无贵贱的人文情怀，一视同仁的大家风范，让我心生好感。

坦率地说，社会的偏见和无障碍设施的匮乏，让残疾就像沉重的枷锁，如影随形，任我怎么努力也难以挣脱。重残在身,求职也好,生活也好,常常被另眼相看,为此尤其欣赏杭州图书馆不拒绝乞丐进入的气度。其实,天赋人权,人人平等,乞丐也是公民,他们在人格上,与所有人都是平等的!博尔赫斯认为,天堂应该是图书馆的模样。我总觉得,作为第三空间的书香世界,作为人的精神领地,图书馆理应没有白眼和歧视,杭州图书馆努力践行,着实让人钦佩。

在外打拼,生存压力非一般的大,是文学为我疲惫的心灵遮风避雨,让我遭受挫折时,能够停下来歇个脚、喘口气。

2012 年 6 月,我为杭州市"平民英雄"吴斌创作的《活着,已是英雄》,入选《我歌吴斌》诗集,还得到了著名诗人柯平老师的好评。9 月 11 日,第二届杭州学习节在书香满溢的杭州图书馆隆重开幕,活动内容就是《我歌吴斌》诗集首发式暨诗歌朗诵会,我的那首诗成为 6 首朗诵诗歌之一。我有幸应邀出席,并头一次走进了杭州图书馆。在这里,我不仅邂逅了对我一直都很关心的省作协名誉主席黄亚洲老师,还见到了十几年前曾有书信、电话往来的潘维老师,还有著名诗人龙彼德老师等。在这美好的书香世界里,在他们的谈笑风生中,我静静地倾听,会心地微笑,用诗书之气滋润着自己焦躁的心灵。

图:听说从那以后,您就成为杭州图书馆的一名忠实读者了,是吗?除了借阅书籍外,您与杭州图书馆还有什么交集?

欧阳:交集很多。

2011 年,听说杭州图书馆专题文献中心为丰富专题馆藏,开设了很多收藏专柜,其中一项就是与浙江省作家协会合作建设"浙江作家书屋"。得到消息,我立即通过省作协向杭州图书馆赠送了签名本《路在远方——一个"轮椅蚁族"的心路历程》。这本书有幸与其他许许多多浙江籍作家的签名本一起,被摆放在杭州图书馆三楼"浙江作家书屋"专柜,永久展示。

"让我们凝视吧,不用明眸用那心灵;让我们倾听吧,不用双耳用那目光;让我们拥抱吧,没有双手可以用思想;让生命贴近生命,用真情点燃黎明的曙光!打开了天窗,所有的爱都洒落在我们的身上,所有的心都生出了翅膀……"2011 年 12 月 1 日,市残联等有关单位在杭州图书馆举办了"延续残运精彩,歌颂生命阳光"专场演讲纪念活动,全国第八届残疾人运动会的几位冠军讲述了他们非同寻常的夺冠经历。我除了为其中的一名全国冠军写了演讲稿,我的诗歌《有了爱,人间是天堂》也被他们集体朗诵。不过,我因有事而没参加现场活动。

欧阳胜为莲花小学的孩子们做励志演讲

2013 年 12 月 3 日，为庆祝“国际残疾人日”，杭州自强演讲团“残健共融谱新篇，同心共筑中国梦”主题巡讲活动在杭州图书馆报告厅举行。我再次来到了杭州图书馆，同中共杭州市直机关工委的年轻朋友和大学生志愿者分享了自己的心路历程，讲述《生命的逆袭——一个“轮椅蚁族”的不败人生》。“我知道，不是每个人都可以成功，可每个人都可以奋斗，做最优秀的自己！请相信生命的价值，请相信爱的力量，相信梦想，相信明天！”我慷慨激昂的演讲，赢得全场热烈的掌声。

顺便插一句：杭州图书馆外部的无障碍通道都很好，里面还有无障碍厕所，也非常不错。只是吹毛求疵一下，报告厅的舞台有两级台阶，缺少了一个小坡道，轮椅还是要抬一下才能上去。

2014 年 5 月 26 日，杭州图书馆成立了作家公社，我应邀出席成立大会。我在城西，离杭州图书馆比较远，只好自己开车过去。由于坐轮椅，如果车子停地下车库，我担心上来可能非常困难。于是，我就尝试着跟图书馆门口的保安解释。那位保安很热心地让一位年轻保安帮我带进去，并破例让我将车停在了图书馆门口。“你帮他一下，帮他一下。”下车后，我坐上了轮椅，就听到那位保安师傅通过对讲机让年轻保安帮我推轮椅。这让我感觉很是温暖。其实，我的轮椅是运动型的，很轻巧，没有把手，不用别人帮着推的。

在宽敞的读者服务区，良师益友聚集一堂，我不仅遇到黄亚洲、汪浙成、薛家柱、王金虎、孙昌建、徐迅雷等老师，倾听了陈祖芬、黄亚洲两位名家的讲座，还遇到几位好久不见的老朋友。会上，杭州图书馆馆长褚树青的致辞颇有见地。他说："现在，文学已经逐渐从圣坛走向人间。在这个全民写作的时代，作为一个图书馆人，我们首先应该做些什么？那就是，给各方面的文学爱好者搭建一个公共的交流平台，让我们的藏书和文学爱好者的文字古今交融，让文学爱好者、作家、出版人到我们图书馆来创作交流……"我很欣赏杭州图书馆的"平民图书馆"理念，作家公社可谓应运而生，对于拓展公共文化服务的广度和深度，打造集学习、交流、创意、展示为一体的第三文化空间意义深远。作家公社的生命力，就在于它的草根性、平民性！

图：听说您也是"作家公社"的活跃社员，参加了"作家公社"组织的哪些活动？对"作家公社"感觉如何？

欧阳："作家公社"有个 QQ 群，交流写作经验，发布活动信息，非常活跃，我一直在关注。我发现"作家公社"成立 3 个多月就举办了 6、7 次活动，像发动作家捐书，成立作家公社专柜；举办了"小屏、多屏时代的电视剧创作"和"从说故事到卖故事——故事会总编告诉你如何成为故事高手"两次文化沙龙；发动社员义务参与南征中学校刊改稿会（"雨润大别山捐资助学"活动之一）；还发动社员参加"农家书屋"征文评比活动……特别是组织社员参加奈保尔与麦家的对话活动，影响特别大。其实，每场活动都非常好，我都很想参加，可有时实在分不开身，留下很多遗憾。前前后后，我参加了四场活动，还算活跃吧。

"草根与名家共舞，读者与作者争鸣！"——作家公社的这一理念着实让我眼前一亮。这与杭州图书馆"平民图书馆"的理念十分吻合。作家公社作为一个全新的平台，热爱文学的人均可加入，可以说是零门槛！听说以后每年还会有相应的出版计划以鼓励大家创作，还将与杭州图书馆文献借阅中心合作，每月重点推出一位草根作家，让他们诉说自己的创作之路，并与读者一起解读鉴赏他们的文学作品。这就为很多草根作家提供了一个施展才华的绝佳舞台，为广大文学青年铺就了一条通向艺术的阳关大道。而且，作家公社积极整合读者、作者、出版者、藏书者、文献服务者、图书经营者等各种资源，努力打造一个多方互信、合作、交流沟通的多媒体平台，非常有气魄！在这里，编辑可以找到自己需要的作者，作者可以找到发表作品的园地，读者可以找到自己喜爱的作者与藏书……在现在这个网络时代，这个平台一定会受到越来越多的文学爱好者的欢迎！我在作家公社 QQ 群就看到越来越多文学爱好者的加入，越来越多外省作家的加入……辐射面越来越广，作家公社的欣欣向荣让人惊喜。

图：听说您与公共图书馆合作开展了许多公益活动，能说说具体情形吗？

欧阳：就是因为《活着，已是英雄》这首诗，我有缘结识了杭州图书馆的鹤矾老师，加入了黄亚洲老师一手创办、鹤矾老师担任秘书长的浙江省文学志愿者中心，听了一些高端的文学讲座，也参加了一些公益的阅读推广活动。

2012 年 12 月，杭州少年儿童图书馆与省文学志愿者中心签订服务协议，少儿馆成了志愿者中心的服务基地。而我身为少儿馆太阳风文学社作家指导老师，同时作为文学志愿者中心的一名志愿者，理应尽己所能地做点事儿。2014 年 4 月 15 日，我应杭州少儿图书馆的邀请，为杭州滨虹学校的 1500 余名学生做了一场题为“读书成就梦想”的公益讲座。5 月 11 日，我又在少儿馆为太阳风文学社的小朋友解读了经典童话《格列佛游记》，并点评了 20 篇学生作文。与此同时，我还拿出自己的 100 本《路在远方》，为西湖区一位得脑瘤的小女孩签名义卖，募集到 3000 多元善款，一解其燃眉之急。

还有，2013 年，应浙江狮子会钱潮服务队之邀，我与鹤矾老师代表省文学志愿者中心到建德老家的莲花小学，为近 300 名留守儿童做了励志演讲和文学讲座，激励他们发奋成才。由于反响非常好，今年，我又联系了杭州少年儿童图书馆一起参与。少儿馆不仅为这所农村小学定向募集了上百册少儿读物，而且胡芳老师（少儿馆代表）还与我、鹤矾老师（省文学志愿者中心代表）一起来到莲花小学，为留守儿童做文学讲座，播撒文学的种子，激发他们心中的梦想。

欧阳胜为脑瘤小患者进行图书签名义卖

2014 年 6 月 2 日和 7 月 25 日，我又挤出时间，相继为杭州求是星洲小学、富阳湘溪爱心假日学校的小朋友做了文学讲座，反响都很好。

“文学可能无法让人升官发财，无法让人拥有豪宅，但却给你一所心灵的大房子，让你的心灵自由自在，让你的人生更加从容”。能与小朋友分享自己的别样人生，给他们一些鼓励，给他们带去一些文学知识，帮他们塑造健康人格，我觉得很有意义。

说起来，我与浙江图书馆也有过一些公益合作。2013 年 5 月 19 日，我为那边的盲人读者开办了题为“阅读改变生活，知识成就梦想”的读书讲座。当时还有个温馨的小插曲——停车时，我照常领了缴费卡。演讲结束后，我在电梯里遇到一位保安部的大叔，他热情地跟我说，你不要刷卡，我这就过去跟保安说，你们残疾人不用交停车费的。临走时，他还不忘细心地提醒我：“图书馆大门边上有一个无障碍车位，你以后过来可以直接停在那里。”

图：对您来说，做到自强自立就很不容易了，您是怎么想到投身公益事业的？

欧阳：作为残疾人，作为草根，我说自己是标准的“三无”人员——没文凭、没背景，甚至连最基本的健康都没有。当年，一无所有的我背水一战，从偏远小城来到繁华都市，为梦想而打拼，那些苦难、辛酸、坎坷、痛苦可想而知，所幸在我难以为继的关键时刻总有好人相助，特别是素昧平生的文艺界师长的提携和关爱，还有省、市残联的帮助……

风风雨雨，一路走来，如果没有好人相助，就不可能有我的今天，我内心充满感恩。如今，我已不再为生存发愁，不仅滴自己的汗吃自己的饭，还开上了小车。

由于从小在爱的环境下长大，由于文学梦想，我一直心向光明，一心向善，希望社会能越来越好，希望未来充满光明。我的坎坷经历、奋斗历程让我深知人世艰难，也更能理解他人的不易。面对纷繁复杂、善恶交织的世界，作为理想主义者，我觉得这世界多一份善就少一份恶，多一点爱就会少一点恨。于是，就算再苦再累，我仍会经常放下自己的事，用行动用思想，去实实在在地帮助身边的人，让友爱传递，生生不息，让仇恨遁逃，消失无踪。所以，除了加入省文学志愿者中心，与公共图书馆合作开展许许多多公益活动，我还是杭州义工联盟的轮椅义工，经常参加义工联盟的环保、助学等公益活动，同时作为市残疾人艺术家协会副会长，我也常组织残疾人艺术家参加各类艺术活动，或开展针对残疾人的帮扶活动……

尤其 2014 年，公益活动特别多，除了各种文学活动、励志讲座，我还为市残联创作了一首公益歌词《梦想青春》。相信 12 月初，大家就能通过电台、网络听到。为此，我甚至连朋友几个月前的约稿，拖到现在都没交稿。而且，一年前我就着手准备第二本散文集了，初稿都打印出来了。2014 年年初，一家省级媒体都报道了我将要出新书的消息。可一直到现在,我都没时间修改书稿。

当然,在公益活动中,感受到的世道人心、酸甜苦辣,也让我更加深刻地认识社会、思考人生,这种收获也都是沉甸甸的、非比寻常的,对以后写作大有裨益。这也是我做公益的一种动力。

图:听说您还在车上放了一张“免费搭顺风车”的广告。对您而言,自己能学会开车就很难得了,怎么想到邀请别人“搭顺风车”?

欧阳:我始终坚信行动大于语言。为了行动,我最终学会了开车。我是一个感恩自然的环保主义者,看到路上的大部分小车都只有司机一个人,总觉得太不环保。可是由于我住在城郊,公交上不去,又不得不开车。所以,我总希望别人来搭顺风车。尽管有时要等人,要改变行车路线,甚至绕点路,可我很乐意,与人方便,自己方便,还环保,一举多赢,多好的事儿啊。现在,常有同事、朋友搭车,所以已不用那张纸了。

其实,可以想象一下,如果大家都来拼车,路上至少可以减少半数以上的车辆,行车必将更加顺畅,连限行都不用了;汽车废气也大为减少,PM2.5 浓度都会下降。

图:这样看来,您已经从“纸上行走”过渡到“路上行走”,是吗?

欧阳:还不能这么说。到杭州之后,我不停地汲取各种思想和智慧,除了阅读,我都在路上,亲身感受世事无常、时代变迁,一路向前地追逐自己心中的文学梦想。我希望通过眼下的努力,以后能更多地写作,更多地拥抱文学;我也希望以后继续以志愿者的身份与公共图书馆合作,举办各类公益的阅读推广活动,让世界多些书香,让人间多些美好。这样说吧,纸上与路上并行。

(执笔:朱峻薇)

我们的生活充满阳光

赵汝达,男,1942 年出生,云南人,仪器仪表高级工程师。

王威,女,1946 年出生,吉林人,毕业于自动化电器专业。

夫妇二人利用杭州图书馆至今已有三四年了,最初是因为报名参加市民合唱团而走进杭州图书馆,后因年龄大、身体差、路途远等原因退出了合唱团,却从此与图书馆结下了不解之缘。二老不仅热心参与杭州图书馆各种活动,还经常带小孙女一起来图书馆看书、借书。赵爷爷知识渊博,上知天文、下知地理,热爱收藏、交友;王奶奶热爱旅游、拍照、唱歌、表演,尤其是模仿方面,颇有天赋,特别擅长模仿赵本山和容嬷嬷。杭州图书馆社会文化活动部还请二老做过文澜大讲堂"人物故事汇"活动的主讲嘉宾,推荐他们参加省政府推出的"山海计划"项目活动,送讲座到衢州图书馆,受到了当地读者的热烈欢迎。2014 年参加浙江电视台公共新农村频道《嘈是嘈非》栏目推出的年度活动"浙江省民间笑星电视争霸赛"海选节目,以独有的方式,惹得大家捧腹大笑,得到专业评委的一致赞许。王奶奶说自己活到老学到老,希望能把更多的快乐带给更多人。

受访者:赵汝达(以下简称"赵")、王威(以下简称"王")

采访地点:杭州图书馆社会文化活动部

图:您二位一个来自云南大理,一个来自东北黑龙江,是什么样的缘分让你们走到了一起,现在又在杭州定居的?

王:我们毕业后都分配到四川江油市"长城特殊钢公司 302 厂",都比较喜欢参加集体活动,一起唱唱歌,表演小品,看看书什么的,后来就结婚了。由于大儿子在浙大读书,毕业后留在杭州定居,我们俩退休之后就到杭州来帮忙照看小孙女,也便留在这里,成了新杭州人,现在看看也有快 10 年了。

图:你们平时很喜欢看书,听说家里还有很多藏书,您二位都偏好哪方面的书籍呢?

赵:我们家也算是书香门第了。我的曾祖父是国子监太学士,伯父是举人、拔贡,在云南都是很有名的读书人，从小家里读书氛围特别浓厚，耳濡目染，所以到现在我都很喜欢买书、看书、藏书，家里现有藏书10 000多册。我买书的原则一个是有用，一个是有趣。因为我是学自动化专业，所以这类专业书我收藏了很多；我们两个人都喜欢旅游，就买了很多旅游的书；我个人还比较喜欢历史、地理、哲学和名人传记等方面的书；此外如莎士比亚全集、唐诗宋词、孙子兵法等名著及各种励志书籍，我们也都收藏了。

王：我更偏好艺术类书籍，特别喜欢阅读与石头、翡翠、玉器有关的书，例如《寿山石大全》《田黄》等。通过阅读这类书籍，我对这些宝贝从感兴趣到了解，再从分辨到收集，慢慢地开始琢磨自己所收藏的宝贝的属性、材质和价值，发现其中学问很深。我手头有两个宝贝已经通过鉴定，确认无疑了。这些我都是自己先看书进行学习和确认，然后再找专家进行鉴定，这个过程我非常享受，它让我感觉到了生活的乐趣。我觉得，人就是这样不知不觉地在阅读中提高内涵和素养的。

我们家里啥样的书都有，上至天文地理，下至鸡毛蒜皮，比如怎么打领带啊，怎么修理电器啊，怎么烧菜做饭啊……很多人到我们家做客，都说家里充满着书香气。这些书都在老家的房子里，来杭州前儿子叫我们把房子卖掉，但是一想到满屋子的书不能带过来又舍不得处理，所以我们就一直没卖，为那些书留着。

图：家里有那么多书，你们还经常跑图书馆，真是热爱书籍的典范啊！

赵：我们在杭州的家，书没有老家那么多，所以就想着到图书馆看看，图书馆的书那么多，肯定能找到我想看的。现在我们一个星期来图书馆怎么也得来个1—2次，全年要跑100多个来回。杭州图书馆特别有亲和力，每周都有很多文艺类、技术类和亲子类的活动，“文澜大讲堂”、市民合唱团、培训班这些活动都很有吸引力，我都很感兴趣。虽然我们每天都很忙，但无论多忙，我们都要抽空来这边逛逛，看看书，听听讲座，看看文艺表演和免费的电影，领取免费的戏剧票，然后借一堆书回家。有时真希望可以分身，每个活动都那么好，我们经常为参加哪个活动而犯愁。

图书馆的书特别多，市民卡可以免费开通借书功能，还能自助借还，很方便，我每次来图书馆之前都会简单列一个借书清单，把这段时间想看的书罗列出来，然后借回家看看。这段时间我和老伴爱上了摄影，特别迷恋到处拍拍，然后和大家分享。但是，我这个大学时候学过一点摄影技巧的人，拍出来的照片放到网上，竟然还没有我老伴的作品评价高，她人气很旺，还有粉丝追捧，我可不甘心啊，这不借了10多本跟摄影有关的书籍，我得好好练习摄影，咋也得把我的面子挣回来啊。

图:您二位还做过“文澜大讲堂·人物故事汇”的访谈对象,能谈谈具体情况吗?

赵:是这样的,有一次我们来看一个公益演出,演出结束后我们跟工作人员聊天,聊到一半老伴直接到台上扮演起赵本山说小品了,我也上去用树叶吹了一曲大理的民族曲,算是我的一个独门绝技吧,引得台下工作人员掌声。这个时候,负责“文澜大讲堂·人物故事汇”的图书馆工作人员成妍看到我们俩特别爱表演,还很有明星范儿,希望能邀请我们做“人物故事汇”的嘉宾,我们就很荣幸地成了这个活动的第一期嘉宾。在2012年情人节的时候,我们在图书馆做了一场访谈节目,受到读者的喜爱,这是我们做梦都没想到的事情。后来衢州图书馆也对我们的活动感兴趣,我们非常荣幸代表杭州图书馆,作为“山海计划”的一部分,到衢州又做了一期活动。杭州图书馆给我们普通老百姓提供了一个展示个人风采的舞台,我们非常感谢。

赵汝达与王威作为嘉宾参加杭州图书馆第一期“人物故事汇”

图:你们是不是常和身边的朋友分享你们在图书馆的心得体会呢?

王:当然啦!每次图书馆有什么好的活动、展览,我都会向身边的人做宣传。上次有一个雕塑展,我拍了很多照片回去,然后给我朋友和网友们看,他们都很感兴趣,纷纷前来观展。

我们已经把自己当成图书馆人了,我们经常关注你们的网站,看看有哪些好的活动,然后把这些信息和有趣的内容,分享给身边的人,让更多的人享受到图书馆的服务。

赵汝达与王威的葫芦丝和树叶合奏

图：在图书馆里你们一定接触过各种各样的人，碰到许许多多事，能说说印象最深的是什么吗？

赵：图书馆对我来说是一个社交的场所，这么多年里，在图书馆里我们认识了不少兴趣爱好相投的朋友，我们一起赏石、一起听讲座、一起参加活动。虽然我们是新杭州人，但在杭州我们的朋友很多，很大一部分是在图书馆交上的。更难得的是，像袁腾飞、房兵、阎崇年这些大人物，之前只能在电视里看到的名人，现在在图书馆就能和他们近距离地接触，面对面地说话，听他们讲座，跟他们合影，还能拿到亲笔签名，非常激动。

图书馆里的工作人员都特别热情友好，很亲切，来图书馆时间长了，看到他们就像看到亲人，有时候也想多跟他们聊几句家长里短。我老伴看中了图书馆工作人员小成，很希望她成为我们儿媳妇，可惜人家有了更好的选择，我们只好祝福她啦。这里的工作人员非常辛苦，经常周末不休息，给我们组织各种活动，丰富我们的业余文化生活。图书馆是我们的好朋友，是生活当中离不开的老朋友，可以晚吃饭，少吃饭，但是不能耽误去图书馆参加活动，不能不去图书馆。

王：是的！图书馆是我们的精神大粮仓，就像生活中不能缺少油盐酱醋茶一样，现在我们的生活离不开图书馆了。

编者感悟：在一片欢声笑语中我们结束了本次采访。爷爷奶奶还不忘从他们准备好的小书车里拿出很多记载他们故事的相册，一本本翻开来给我们看，那种幸福的回忆和甜美的微笑，让我们似乎看到一地阳光。如果问为什么要选择他们来做采访对象，我会列出很多理由，在我脑海深处，总能浮现赵爷爷那身潮气十足的背带西裤，干净板正的衬衣和小洋帽，以及王奶奶那身充满活力散发能量的超女形象，两个人一起拉着小书车，缓缓消失在人群中。整个访谈过程，无时无刻不透漏出老两口幸福的生活旅程：他们可以为了谁的粉丝多、谁的石头值钱争论半天，可以为了小孙女的一首原创小歌曲捧笑半天，可以结伴一起天南海北旅游散心……点点滴滴的回忆，都在他们的描述中变得无比生动和甜美。正如他们说的一样，他们的生活充满了阳光，充满了活力。我想，他们带给我们的不只是他们与书与图书馆的故事，更是一种自然的，来自生活的正能量。

（执笔：成妍）

总有一种声音打动你

陈天生，男，1939 年出生，宁波人。1961 年毕业于上海华东纺织工学院数理系，服从分配到河南郑州第四中学任教数学，1972 年调回杭州，在杭州第十中学任教数学，后转教物理。除了在自己的专业领域有所建树，桃李满天下之外，他还天生拥有一副好嗓子，并且热爱音乐，利用空闲时间参与各种音乐活动。在同龄孩子还在牙牙学语的时候，他就已经在母亲的影响下开始学唱戏曲，京剧、黄梅戏……凡是戏曲他都喜欢。学生时代热衷学校各种社团活动，包括学校合唱团。后来还自学了五线谱以及小号、黑管、手风琴、萨克斯等乐器。退休后，陈天生依然积极参加各种文化活动，今年 74 岁的他参加了杭州图书馆市民合唱团。作为合唱团男高音部的声部长，陈天生每场排练从不落下，并利用自己擅长的乐理知识，帮助其他团员识谱，是市民合唱团最年长的一名团员，更是男高音声部的主力，对推动合唱团良好运作起了重要作用。在歌声中他找到了快乐，找到了健康，用歌声唱出了属于自己的夕阳红。

受访者：陈天生（以下简称“陈”）

采访地点：杭州图书馆音乐分馆

图：陈老师，听说您从小就喜欢阅读，能否向我们讲述一下您的阅读历程？

陈：小时候受兄长的影响，喜欢上阅读，最先接触的都是小人书，喜欢类似《三国演义》《水浒传》《西游记》这类古典小说，那时候看的就是画面的精彩、情节的曲折，基本上是囫囵吞枣的浅阅读；到了中学时代，由于当时的社会背景，喜欢看苏联小说，听苏联歌曲；到了大学，就开始接触《资本论》《鲁迅全集》等书，这个阶段也是真正自主选择阅读的开始；工作以后，由于忙于教学和生活，只涉猎些短篇小说和期刊报纸等，偏重实用性和纪实性。

图：您经历过不同时期图书馆的变迁，比起过去的图书馆，现在的杭州图书馆有哪些变化？

陈:我是1972年从河南郑州调回杭州以后才接触到公共图书馆的,之前一直是在学校图书馆借书、看书的。那时浣纱路的杭州图书馆,给我的印象就像是一个藏书楼,读者基本上就是来看书、借书的。而现在的杭州图书馆,对我来说既熟悉又陌生——原来图书馆不仅可以是书库,更可以是有这么多功能的集合体,很有新鲜感。

图:您是杭州市民合唱团的一名主力,您觉得公共图书馆创办合唱团这事好吗?

陈:说到主力,还真的不敢当,合唱团里有很多唱得不错的团员。杭州图书馆能面向全市招纳市民组建一支属于自己的合唱团,是一件非常了不起的事,可以说这是一个具有前瞻性的举措,图书馆、读者的资源都得到高度开发。合唱团为我们这群热爱音乐的人提供了一个很好的学习、交流、娱乐的平台。在这儿,我和许多兴趣爱好相同的人都成了朋友,我的退休生活因此变得更丰富、更充实。市民合唱团聚集了一批爱好音乐的市民,还有优秀的指挥和优秀的钢琴伴师,他们是这个合唱团的关键人物。据我了解,他们都是音乐专业毕业,科班出身,是杭州图书馆的正式员工,他们的敬业精神和悉心的专业的指导,使我们大家很快进入状态并深深爱上了这个合唱团。

图:您是2010年加入杭州市民合唱团的,4年多的时间里您始终对合唱团不离不弃,这期间,一定有许多让您难以忘怀的事情吧?

陈:杭州市民合唱团现在是浙江省小有名气的一支中老年合唱团体,多次参加国内外的合唱比赛,也得到了很多奖项,如:2012年10月获文化部举办的"永远的辉煌"——第十六届中国老年合唱节铜奖;2013年7月,代表中国团队参加在匈牙利布达佩斯举办的"柯达伊国际合唱论坛节",荣获金奖,为祖国争得了荣誉;同年11月,参加全省第二届长者情声乐大赛又获一等奖;今年夏天,由文化部对外联络局、国际合唱联盟、中国合唱协会等单位主办的第十二届中国国际合唱节在北京举行,来自43个国家和地区的188支合唱团、近万名国内外合唱团团员参加了这一世界顶级音乐盛会,经过激烈角逐,杭州图书馆市民合唱团脱颖而出,荣获老年混声组金奖第一名……时隔一年不到,市民合唱团两次获得国际合唱节金奖,又一次证明了自身的实力。

其实,这些荣誉都不是最重要,重要的是,这个团体成员们之间的关系都如兄弟姐妹,气氛融洽、温暖,大家亲如一家人。合唱团每年一次向社会招收优秀团员,吸收新鲜血液,对现有团员也毫不松懈,每个学期都要经过两番考试进行筛选。每个成员都来自社会不同群体,基本上和合唱并无多大关系,但有一个共同点——每个人都是歌唱发烧友,都非常开朗活跃,都是利用业余时间进行排练。

杭州市民合唱团演出现场(后排左四为陈天生)

说起排练的事儿,还有几件趣事。市民合唱团有着极其严格的管理制度,一些团员刚刚进团的时候,对老师新的教学理念、方法有不同的看法,对高强度的排练有所抱怨。因为在团里我的年纪最大,作为老大哥我会开玩笑地对他们说:“这不都是我们自找的呀!”大伙想想也对,别人退休养养花、打打麻将,我们是冲着自己对音乐的喜爱,通过考试进入合唱团的,这一切难道不都是自己“自找”的吗?想到这些大伙就会心一笑,自那以后,遇到老师拖课、加课的情况,团员们再也没有了抱怨,更多了份热情,因为大家都知道为了音乐累点都是值得的。渐渐地团员们也适应了合唱团的教学模式,接受了老师的指导方法,从中学习到很多之前未接触到的音乐知识和音乐理念。另外,我感觉到我们市民合唱团的团员们个个精神头特别好,像我今年都快 75 岁了,其他团员年纪大多都是 60 多岁,他们身上有很多值得我学习的地方,兴趣爱好也十分广泛,和他们在一起我觉得自己比同龄人年轻多了,生活也过得有滋有味。希望我们的杭州图书馆越来越好,我们的合唱团越来越好。

图:您在杭州图书馆除了参加市民合唱团的排练、演出活动等,平时还参与其他活动吗?

陈:我参加的大多是音乐类活动。杭州图书馆音乐分馆经常组织一些音乐沙龙、讲座，主讲的老师大多都是合唱团的指挥、伴奏，我只要有时间都会参加，活到老也要学到老嘛。

记忆特别深刻的有以下几场活动：

2013年1月3日，是一个寒冷的下雪天，杭州图书馆报告厅却温暖如春，座无虚席。由中国古琴协会和杭州图书馆音乐分馆主办的“琴润书香——古琴专题讲座及新年音乐会”正在举行，来自不同城市的近500名听众完全沉浸在音乐之中，忘了外头的严寒。下午的“异本同源——‘新老梅花’版本赏析”古琴专题讲座，主讲人张子盛老师向读者展示了古琴的独特魅力，并为大众介绍欣赏古琴艺术的门径。听众热情高涨，仅互动环节就整整持续了近一个小时！晚上的“琴润书香——2013中国古琴新年音乐会”，传统曲目与新创曲目相结合，由一首《普庵咒》琴曲为开场，琴音缭绕，令人身心俱静。随后古琴表演艺术家们还为大家演奏了名曲《高山流水》《阳关三叠》《蔡氏五弄》等，琴声幽幽，余韵袅袅，令人如痴如醉。活动结束后，有人评价：“这是一场非比寻常的贤士雅集，一场令人尽兴而归的雅集！”

2013年5月13日的广场流行音乐会（第二场）也很令人难忘，以一首抒情的舒伯特《小夜曲》开场，把每一位听众带到了舒伯特的故乡。此外葫芦丝合奏《月光下的凤尾竹》、歌伴舞《高原红》、独舞《格萨尔王》等，充满民族风情，让人大饱耳福和眼福。活动现场几度达到高潮！最让人感动的是一名79岁高龄的读者，倾情演唱《橄榄树》和《中国梦》，虽然没有伴奏，但他那认真、专注的神情深深打动了我们。

更难忘的是2013年8月10日，整个杭州热浪滚滚，气温甚至达到了历史最高水平，但这丝毫挡不住音乐爱好者的脚步，在杭州图书馆报告厅，杭州市民合唱团、香港青少年国乐团和浙江省直机关文体协会民乐团欢聚一堂，共为读者献上一场精心准备的演出。香港青少年国乐团带来了二胡独奏《葡萄熟了》、唢呐独奏《社庆》、小合奏《狮子山下》等9首合奏、独奏民乐曲。杭州的高温让这些外地年轻人备感不适，但他们依然坚持每天排练，精神饱满地向杭州市民展示了他们最好的演技和水平，这让我们非常感动。市民合唱团演出了无伴奏合唱《白色的小母鸡》、混声合唱《丢丢铜仔》《把我的奶名儿叫》、获奖歌曲《水母鸡》和《葡萄园夜曲》，这次演出是我们在获得国际金奖后第一次公开演出。虽然我们的平均年龄已经超过50岁，但活动结束后，读者纷纷说我们“精神面貌很年轻”“歌声和谐美妙，令人难忘”。本场活动还有浙江省直机关文体协会民乐团带来的精彩节目：二胡齐奏《赛马》、民乐合奏《金蛇狂舞》《洪湖人民的心愿》等。这些来自不同岗位的表演者在百忙之中，辛苦排练，他们那熟练的技巧和动听的演奏也深深打动了我们。

此外，像 2013 年 4 月“我与郎朗的三十年——郎爸杭州分享会”，2013 年 8 月的“向已故音乐大师致敬——迈克尔·杰克逊生日庆祝大PARTY”，2014 年 6 月的“六一录音探秘活动”等，我虽然没有亲自参加，但听说场面都相当火爆。由此可见，热爱音乐的读者真不少，很需要图书馆提供的这些交流、鉴赏的机会。

陈天生在幕间后台休息时留影

音乐分馆能在不同时段，针对不同的音乐爱好者开展古典、流行、民族等不同风格进行音乐沙龙活动，我们可以根据自己的时间和兴趣选择性地参加，我觉得特别好。

图：知道杭州图书馆敬老文明号服务吗？

陈：杭州图书馆敬老服务这块工作做得很不错。在馆舍里也有设置老年人专座，提供老花镜，还有专门针对老年人的昆曲活动、文化沙龙、公益培训等，也是经常开展。2011 年的“总有一种声音打动你——赴五云山慰问演出”我没有亲见，但我听说当时除了昆曲经典剧目《三岔口》《牡丹亭·惊梦》之外，演员们还为老人们表演了二胡独奏、唢呐独奏、变脸、戏曲联唱，昆剧团副团长程伟兵还表演了他的绝活——一分半内在舞台上画一个大花脸，不仅博得了现场观众的阵阵喝彩，还大大鼓舞了昆曲票友的热情，两位票友还主动上台，即兴演唱，连专业老师也对她们竖起了大拇指……我很遗憾当时没在场！

这些服务不仅能够结合老年人所想所需，给老年人提供互相交流、互相学习的机会与场所。老年人有丰富人生经验，他们也常能为图书馆提出一些很好的工作意见。

图：您今年 74 岁的高龄还乐于参加图书馆活动，真不错！您认为现阶段老年朋友的精神需求更倾向哪方向？

陈：老年人除了操劳家庭、子女的事情外，还是想与社会多多接触的，他们并不想与社会脱节。现在老年大学很火爆，这也说明了老年人希望老有所乐，老有所学，希望幸福充实地安度晚年生活。老年人的精神需求除了与子女、亲戚、朋友等建立社会网络外，还有两个重要的心理需求：一是希望得到尊重，二是工作需求。老年人离开工作岗位后可能会情绪低落，有时就会产生悲观情绪，甚至不愿出门，长期下去就会引起抑郁和情绪低沉，为各类疾病埋下祸根。而很多刚退休的老年人是有工作能力，突然间离开工作岗位肯定会产生许多想法，有些人希望再从事工作，体现自身价值。我建议在图书馆设置一些适合老年人去做的简单的工作岗位，或建立一支由低龄老人组成的志愿者队伍，用老年人的经验和智慧为读者服务，实现“老有所用”。不知道你们有没有留意过，香港有个餐厅名叫“银发餐厅”，给我印象很深，那里的人员组成从经理到服务员的年龄都为50岁以上的老人，他们用自己的敬业态度和优质的服务赢得了社会的尊重，也使他们内心充满了力量，让他们充分感受：“夕阳无限好，因为近黄昏！”

图：听说您女儿学得也是图书馆专业，现在从事高校的图书馆工作。当初是出于哪些考虑的呢？

陈：当时在帮助女儿选择所学专业时，考虑的是女孩子应该有一份稳定的、有文化内涵的工作，一个能够静下心来，进行自我沉淀的地方，没想到我跟她沟通时，女儿居然马上同意。你们猜，女儿选择这个专业的理由是什么？她认为毛主席曾经做过图书馆管理员，那么在图书馆工作一定很有意义。不愧是父女俩，都想到一块去了。

图：您心中的公共图书馆应该是怎么样的呢？

陈：我很欣赏杭州图书馆褚树青馆长对待乞丐、流浪汉等特殊群体的态度，在图书馆每个公民都拥有平等的阅读权。图书馆除了向不同层次、不同类型读者提供各类图书资料外，还能重视并满足广大市民的其他休闲娱乐需求，如提供多功能阅读室、视听音像感受区，还常常举办一些主题报告会、研讨会、座谈会等，使图书馆成为一个信息共享的文化空间，读者在这里可以彼此沟通、感受人文关怀、追求自我发展。据统计，美国每年约有65%的家庭进入图书馆，相比我们国家，差距有目共睹。在经济日趋发达，人们越来越注重精神需求的当今中国社会，如何丰富大家的业余生活，如何才能把人们从棋牌房、KTV、酒吧拉入图书馆，是每个城市的公共图书馆还需要积极思考的问题。总之，公共图书馆是公民进行终身教育的一个大讲堂，也是读者温馨的精神家园，更是一个地区的文化精神的标志。

（执笔：陈夏）

得诸社会，还诸社会

谭启晓，男，浙江萧山人。1956年毕业于上海铁路学校，后在铁道部专业设计院从事铁路通信设计工作。业余爱好文艺、摄影、收藏、旅游、天文、体育等。谭启晓先生从2009年开始热心于杭州地方文献的征集与宣传，经常向杭州图书馆提供宝贵线索，或鲜为人知的老杭州故事。2011年8月在杭州图书馆举办"一位市民的西湖申遗情结"，2012年12月举办"签名封里的故事"展览，为杭州地方文献的宣传做出了很大贡献。2012年1月经杭州图书馆专题文献中心推荐，接受央视"远方的家·沿海行"电视栏目的采访，以他对公益事业的热情和丰富的人生阅历获得媒体的高度好评。谭先生还积极联络，促成了地图收藏家章鑫海先生捐赠地图一事，为杭州图书馆地方文献的征集添上了浓墨重彩的一笔。2013年6月，他又积极策划了"予人玫瑰手有余香——章鑫海先生捐赠地图展"，这次展览受到读者的普遍欢迎。

受访者：谭启晓（以下简称"谭"）

采访地点：杭州图书馆专题文献中心。

图：谭老师，听说您为西湖申遗做了许多事，能给我们具体说说吗？

谭：对西湖申遗，我的经历是八个字：关心、参与、宣传、推动。作为一个志愿者，我通过种种方式，向大家宣传西湖为什么要申遗，如何努力做好申遗工作，我总结了一下：

第一，写了很多文章宣传西湖申遗。

第二，搜集有关西湖申遗资料，一共整理了28本，为西湖申遗提供方方面面的信息，很多市民看了之后都说这信息很全面，很宝贵。

第三，多次奔赴龙井调研考察，亲手绘制"龙井八景"图。

第四，呼吁政府想办法征集"西湖十景"的御碑拓片。（"西湖十景"御碑，除曲院风荷、苏堤春晓保有遗迹，其余多于"文革"期间被毁。）

第五，测量西湖水的透明度，判断西湖水质。

最后一项行动，我坚持了整整几十年。我从1975年开始测量西湖水域透明度，这种数据仅作为参考，因为园文局有专业的测量。但媒体不太相信专业机构的测量，怕他们报喜不报忧；而我的数据无论好坏都会如实上报，而且一直在断桥西堍同一个测量点进行测量，更有参考价值。这批数据在西湖申遗展前夕首先被央视媒体发现了，央视派记者到杭州了解申遗的准备工作，他们觉得，如果是老百姓的数据说明西湖水质好，那才是真的好。

1982 年西湖水质变差了，这在我的数据中清晰可见。杭州政府很重视，经过专家“会诊”后，决定改变西湖的源头，开始花费巨资以科学的方式把钱塘江水引入西湖。1987 年后西湖的水质一天比一天好，我在测量的当时就倍感欣喜。我一直进行定点（断桥往西，白堤南边）测量，这样数据可比度更高，此方式也得到了央视和杭州市园文局的认可。2013 年我被评为“十大西湖达人”之一，2014 年正逢西湖申遗成功三周年，我被评为“感动西湖十大人物”之一。

谭启晓在“一位市民的西湖申遗情结”展览现场

图：您是我们图书馆的常客，能聊聊您与杭州图书馆的情缘吗？

谭：2009 年我参与编辑《古宅逢春——杭州孩儿巷 98 号古建筑保护纪实》一书，主要负责相片部分。2009 年 7 月 30 日新书出版后，我赠送几本给图书馆收藏，这是我首次踏入杭州图书馆新馆大门，从此我与杭州图书馆结下了不解之缘。

我热爱阅读，在北京工作的时候，就经常去国家图书馆借书、查资料，这样沉迷阅读整整18年！回到杭州后，我也常到浙江省图书馆去，那儿又大又宽敞，感觉很好。后来到了杭州图书馆新馆，我觉得这儿真不简单——开放面积很大，设施先进，服务相当人性化。家乡能有这样的图书馆，我的自豪之情油然而生！2009年6月13日看到《杭州日报》刊登了中国前外交部部长助理、发言人沈国放在杭州图书馆“市民大讲堂”风趣谈国事时说：去过全世界图书馆不算少，我觉得杭州的最棒。我深以为然。

图：您曾在杭州图书馆举办了关于西湖申遗的个人展，都展出了哪些物品？展览效果如何？

谭：2011年6月西湖申遗成功后，杭州图书馆专题文献中心的黄天美老师向我提议能否围绕申遗这件大事做一次展览。当时我觉得杭州图书馆这个平台很好，也想为杭州地方文献做点贡献，所以欣然答应了。

2011年8月28日，“一位市民的西湖申遗情结”展览在杭州图书馆专题文献中心正式开幕。此次展览展出了我多年来为西湖申遗所做的一切努力：苦心积累有关申遗进程的第一手资料、中国的世界遗产画册和名录大全、亲自拍摄的西湖景区照片、自己手绘的景区地图、精心制作的首日封、给市委书记的建议书、35年来坚持测量西湖水质透明度的详尽记录……这些物品，图文并茂地重现了一个普通市民的申遗路。杭州图书馆希望通过这个展览，让更多的人了解西湖，也借此表达对民间申遗人的感谢和敬意。

每次展览活动，主办单位都会在宣传展架上夹一本意见簿，以获取读者观展后的想法与建议。每次展览结束后，我都会将读者的观后感认真抄下来。那次有不少市民留言：“谭老先生真是个‘有心人’，令人佩服！”“真不错，一个普通百姓也能为西湖申遗做这么多事！”

由于图书馆的信任、支持和帮助，“一位市民的西湖申遗情结”展览取得了很大的成功，后来延伸的沙龙效果也很好。

这些活动让读者深刻地认识到：西湖申遗不应该仅仅是政府的事情，也是杭州（甚至是全中国）千千万万老百姓关心的大事，西湖申遗成功也有普通百姓的一份汗水。

图：“一位市民的西湖申遗情结”展览是否是您对杭州图书馆的最深刻的记忆？

谭：是的，本次展览读者反响很大。市委书记看了展览的汇报资料后做了重要批示：“向长期以来关心西湖申遗并为西湖申遗成功做出突出贡献的谭启晓先生及杭州图书馆（专题文献中心）全体同志表示衷心感谢和崇高敬意！”所以我感谢图书馆的重视，我这是沾了图书馆的光。

谭启晓在展览现场耐心回答读者的提问

图:您一直积极为地方文献提供宝贵资料,甚至促成章鑫海先生的地图藏品落户杭州图书馆,能谈谈详细的过程吗?

谭:地图收藏专业委员会是浙江省收藏协会下属的一个门类,于1997年4月成立。2002年,地图收藏的必要性在我国逐渐显现,比如钓鱼岛、南海等领土纠纷问题,都需要用相关时代的地图来证明。曾经听浙江省档案馆的领导说:现在很多重要的证据都在民间,国家还得收集民间的资料对领土归属问题加以佐证。

章鑫海先生是知名的地图收藏家,浙江省地图收藏专业委员会委员,他在工作之前就开始收藏地图。2003年,在编写《中国收藏年鉴》时,我结识了章鑫海老师,他为人很友善,也很关心我,我们的关系很密切。2005年他不幸遇车祸,2010年起在家养病,2012年春节期间章老师多次来电表示想把多年收藏的地图赠送于我。他的盛情让我很感动,但是这么宝贵的藏品,我实在担当不起,再说我屋子狭窄,也无法搁置,当时省收藏协会的卢老师提出能不能考虑给图书馆或档案馆,所以,2012年4月12日我找到了杭州图书馆专题文献中心的黄天美老师,征询杭州图书馆的收藏意愿,杭州图书馆表示非常欢迎。之后,我又征求了章老师的意见,他表示愿意无偿捐赠。4月16日我与黄天美老师一起拜访了章鑫海老师,洽谈捐赠一事。7月5日杭州图书馆派专车将地图运送至图书馆。2013年1月章老师因脚伤住进了医院,杭州图书馆派了代表前去慰问。章鑫海地图展览从2013年6月开始，一共展出了三期。第一期是杭州市各区县地图，第二期是浙江省各区市地图，第三期是全国各省市地图。读者几乎从未见过这么全面这么细致的地图资料，好多版本都是仅存的孤本，年代久远，无法复制。他们被章鑫海先生无私奉献的精神深深感动了，纷纷向在场的章夫人表达了他们对章先生的崇高敬意。但令人惋惜的是章鑫海先生因久病医治无效已于2013年3月辞世，享年53岁，最终无法看到展览的开幕。“予人玫瑰，手有余香”，是本次展览的主题，这话既赞扬了章鑫海先生的高尚品格，也对这些地图的收藏价值、历史价值和科学研究价值给予充分的肯定。

图：2012年年初，您通过杭州图书馆推荐，接受了央视《远方的家·沿海行》栏目采访，能说说那段经历吗？

谭：2012年年初，在杭州图书馆的推荐下中央电视台中文国际频道《远方的家·沿海行》栏目组，让我在有关“杭州”这期节目中介绍西湖，并进行上门采访。节目播出后受到了中央电视台领导的夸奖。接着，《杭州日报》《倾听·人生》栏目，以整版的篇幅，用“西湖水，浪打浪”为题系统报道了我的西湖情结——几十年来关心西湖，为西湖申遗事业呕心沥血……之后，浙江树人大学和杭州图书馆还为我做了电视专题片《春降大佛寺》《一个人的西湖申遗》等节目。

图：谭老师，您作为一个热心读者多年来一直积极收集杭州图书馆的报道，请问是怎样的动力促使您持续不断地关注杭州图书馆的呢？

谭：报纸是看得见、摸得着的媒介。我家订了四份报纸(《杭州日报》《钱江晚报》等)。不过每当有大事件，我都会去报亭买《人民日报》《浙江日报》《今日早报》《每日商报》《都市快报》《青年时报》等，看完后都要将重要的新闻剪下来，装订成册，渐渐地养成剪报的习惯，至今为止我家已经收集了很多。

2011年6月，杭州发生了两件大事，一是西湖申遗成功；二是图书馆国际研讨会在丹麦召开，有30多个国家的图书馆馆长参会，杭州图书馆馆长褚树青的发言震动全场，他对杭州图书馆的定位——“平民图书馆，市民大书房”，赢得了一片掌声；他的欢迎乞丐和拾荒者入内的做法，也让我从此对杭州图书馆刮目相看。从那以后，我就开始搜集有关杭州图书馆的一切新闻、消息，而且，我只收杭州图书馆的。

图：您在杭州图书馆至今已经举办了两次个人展览，除“一位市民的西湖申遗情结”展览外，还有一次是“签名封里的故事”展览，能讲讲有关签名封的故事吗？

谭启晓精心制作的有关杭州图书馆媒体报道的剪报

谭：从1981年起我就开始收藏签名封，我记得最早的签名封是1981年南极科考队的。在收藏的签名封中有10多枚是我最为珍贵的，其中一封就是习近平同志的签名封，整个签名的过程我到现在还历历在目。能有幸接触到习近平同志是在浙江省老年大学的奠基仪式上，那时他担任浙江省委书记，刚从福建调来。我想请他在我的签名封上签个名，可是他当时已经是中央委员了，有便衣保安在暗中保护，所以想达到目的不容易。于是我静静等待，直到有一个机会终于让我如愿以偿了……这事给我印象很深，习近平同志确实平易近人。

图：今后还打算在杭州图书馆开办展览吗？

谭：我有两个设想，一是浙江省地图收藏专委会举办的“浙江民间地图收藏展”，至今在档案馆等地已经举办六届了。我希望今后有机会能把接下来几届放在杭州图书馆举办，希望这边有合适的场地，使我们施展的空间更大；二是退休至今，我很想每年举办一次家庭和个人的十大要闻展，这个启发来自于每年的体坛十大优秀运动员的颁奖典礼等。我现在有三组家庭，全家一共8口人都有记录，这些都是家庭的大事记。现在的我生活过得很充实，也很幸福，我想把这“幸福”与大家分享一下。

图：谭老师，谈谈您的座右铭“得诸社会，还诸社会”的意思？

谭：我的一生是社会给予的，当我即将离开世界的时候，我不能带走一切，所以我将全部还给社会，无偿地献给国家，这个意义远比金钱大得多。

图：您热爱杭州这片土地，您还一直孜孜不倦地去发现和宣传杭州的丰富资源？

谭：是的。在中国整10°的经纬度交汇点有13个，除了杭州是北纬30°、东经120°的交汇点外，其余的12个交汇点都在海洋、沙漠、草原、高山或偏僻地。而且杭州这个交汇点，东经120°是北京时间的基准线；北纬30°是北半球中低纬度与信风带分界线，是充满无数“险、惊、奇、谜”的神秘纬线。中央电视台国际频道还专门推出了《远方的家·北纬30°中国行》节目。1990年11月富阳中学高级教师王全昌提出了大源（属杭州地区）是经纬整交点的所在地；1995年9月下旬浙江省测绘局利用全球定位系统准确无误地确定了这个交点，并设立定位标志；同年10月5日，国家测绘局批准了在富阳市大源镇建立我国第一个经纬度整数点标志塔。2013年5月8日，我写信给杭州时任市委书记黄坤明，建议在大源经纬度整交点建纪念碑……

杭州的资源，那真是挖掘不尽！如果杭州图书馆有意向，我以后也可就这个话题与读者互动！

（执笔：陈姝丽）

路漫漫其修远兮,吾将上下而求索

李震宇,男,甘肃人。2008 年毕业于乌鲁木齐职业大学新闻系,自由摄影人。热爱阅读,经常参加杭州图书馆组织的各类读者活动,2010 年开始主讲“文澜沙龙”摄影系列。作为《文澜沙龙》的摄影师,他积极参与全年《文澜沙龙》配图摄影;作为“文澜沙龙”的热心听众,他一直积极参与沙龙的策划与筹备工作。2011 年,读者请他担任《文澜沙龙》杂志的执行主编,从此,他开始热情百倍地投入《文澜沙龙》的邀稿、文章的编辑和校对工作。

“文澜沙龙”是由杭州图书馆发起、读者主导、倡导公益的公共文化交流平台,主讲人几乎都来自于街头巷陌,他们以自身的经验和思考向社会传播人文、理财、教育等各方面的理念和知识。“文澜沙龙”下设外语学习、阅读分享、经济理财、幸福人生、心理探秘、法律咨询、风土人情、视觉艺术八大系列。作为延伸产物,由读者自编的《文澜沙龙》杂志更是打破了编者与读者的疆界,真正践行“从读者中来,到读者中去”的理念。

因为“文澜沙龙”与《文澜沙龙》杂志,李震宇先生与杭州图书馆结下不解之缘。

受访者:李震宇(以下简称“李”)

采访地点:杭州图书馆专题文献中心

图:早就听说您很喜欢阅读,能谈谈您的阅读经历吗?

李:我从小喜爱阅读,但因为当时经济拮据,我买不起书,甚至连买本常用字典都困难,当时也没有像现在这样的公共图书馆,所以童年时代我总是缺书看。好不容易盼到上大学,我开始疯狂地阅读,如《静静的顿河》《唐 · 吉诃德》《猎人笔记》等,我都如饥似渴地读过。无论是中国文学,还是外国文学,我都很系统地看。通过大量的阅读,我的思维方式和对问题的认识也在不断发展,人也变得更加成熟。这使我越发体会到阅读的重要。后来在西藏工作时,我一周至少有 3 天时间都泡在图书馆。那时西藏图书馆的读者较少,有时除了管理员之外,就我一个读者。我静静地在那幽雅安静的环境里看书,感觉非常享受。那段时光真是美好,令我终生难忘!1 年后,我去了新疆,也迫不及待地跑到新疆图书馆,那儿的图书馆管理员却告诉我没有借书证不让进。我问借书证该怎么办,他说要本市户口才能办,外地户口办不了,这令我非常震惊。没办法我只能找人帮忙办一张,但在我最后离开新疆时借书证也没办下来,这件事令我非常沮丧。

因为阅读我也爱上了写作,也做了积极的尝试,我在 2011 年写了一本书《肉体的拯救》,算是我的第一本短篇小说集。

图:看来您与图书馆很有缘分,能分享一下您与杭州图书馆"第一次亲密接触"的故事吗?

李:2009 年下半年我来到杭州,花了近半年时间找工作。生活稍稍稳定之后,我马上开始在网上搜索本地图书馆,这才知道在市民中心有一个杭州图书馆。2010 年年初,我第一次走进杭州图书馆,馆内开放的格局、先进的设备设施、丰富的馆藏和人性化的公共服务令人震撼,让我无法忘怀。在这里,我不用担心自己是外地人或身上有灰尘看不了书,才几分钟的时间就办好了借书证,很贴心。馆内有自助借还机、音乐视听室,使用起来很方便。还有各类讲座展览等,都是纯公益的活动,都免费向读者开放,真的是服务于市民的"大书房",让人感觉很温暖,从此我成为杭州图书馆的一名常客。

杭州图书馆丰富的馆藏不仅满足了我对阅读的渴望,各类公益性的讲座展览更丰富了我的业余文化生活,有时我还去音乐视听室挑选喜欢的音乐,坐下来慢慢欣赏,日子过得颇有诗意。在这儿,我除了学习阅读,还认识了很多朋友。进入图书馆,大家就没有职务高低和身份贵贱之分,大家都是读者,可以平等、真诚地进行交流、沟通与分享。这样的交流非常轻松,而且往往有意想不到的收获。

现在,当我在生活和学习中碰到困惑时,我最想去的地方就是图书馆,从书中找到解惑的办法;与朋友交流思想,打开心扉……

在杭州生活的这些年头,图书馆已成为我生活中不可或缺的一部分。

图:我们很好奇,您是怎么爱上摄影的?在图书馆的阅读经历对您的摄影有帮助吗?

李:干脆利地说,我是"在实践中自学"。小时候我很喜欢画画,那时完全靠自我摸索,真的很苦。因为没有电,点着蜡烛趴在炕上的小方桌(北方常用来吃饭)上画。后来又自学国画,没有老师教也没有这方面的书籍(即使有也买不起),只是在我们村的一个同学那里借了一本画花竹鸟兽和山水石林的书,便开始大量临摹,现在回想起来很佩服自己的毅力,常被小时候的自己感动。高中毕业时,我去照相馆留影,第一次接触了摄影,但一直到上了大学读新闻专业后,我才有机会真正了解摄影课程,有机会拿着"傻瓜机"到处拍摄……可能就是儿时对绘画的热爱,让我爱上了摄影。

在图书馆阅读的经历当然对我有帮助,这种帮助是潜移默化的。比如,《商业摄影的专业之路》这本书我就是在图书馆找到的，对我走向自由摄影之路帮助很大。还有其他一些摄影书，不管是理论的还是画册，对我摄影眼界的开阔都是很有帮助的。我的摄影历程，离不开图书馆，离不开那些书。

李震宇在杭州图书馆

图：您是怎样走进“文澜沙龙”的？

李：当时我看到杭州图书馆专题文献中心“文澜沙龙”的活动信息，觉得很好奇。我对沙龙还不是很了解，以为是什么专题讲座之类的活动，就试着去听听。我当时参加的是“文澜沙龙·幸福人生”系列，由昌乐法师主讲，我这才发现沙龙原来是一种很轻松的交流方式，大家就像朋友一样，虽来自不同地域、不同领域，却可以从各自的角度畅谈“幸福人生”这个话题。我记得有位读者说：幸福是可以用数学公式来计算的。这想法既特别又新鲜，就如打开了另一扇思考幸福的窗口，引起了现场热烈的讨论……这应该就是沙龙的魅力吧，真理越辩越明，思想有碰撞才会激发出火花。从那以后，“幸福人生”系列沙龙我几乎一场都没落下。

图：您是如何从“文澜沙龙”的听众变成主讲者的？

李：“文澜沙龙”集大众智慧，对读者零门槛，这样的活动定位给我创造了主讲的机会。2011 年那会儿沙龙种类还不是很多，当时沙龙中有位名叫夏立春的热心读者对我说：“要不你做一期摄影沙龙，这不仅可以丰富沙龙的形式和内容，还可以与大家一起交流一下摄影的技能与知识。”这个主意很新颖，我挺感兴趣，于是在他的引荐下，我第一次主讲“文澜沙龙·摄影”,介绍了一些有关摄影的基础知识。因为效果不错,后来又连续主讲过几次。因为读者层次不同,想听的内容也大相径庭,所以做完第一期后我对后面几期的沙龙内容和形式都做了一些调整。我共准备了六期,包括提纲、PPT、图片资料等。起初偏重于摄影技巧入门,以及摄影爱好者共同感兴趣的话题,从浅到深,直到最后一期才涉及更专业的领域。

其实,各个门类的艺术表现方式都是相通的。我希望我的沙龙能跳出摄影的范畴,试着涉足文学艺术的领域,比如做些诗歌创作与鉴赏之类的沙龙,读者可以朗诵自己创作的诗歌,并与大家一起分享作品的构思背景和创作过程……我觉得这比讨论诗的主题思想更为重要,因为只有过程和背景是可以勾勒成影像的,而影像又是可以给人启示和灵感的。这样一来,诗歌与摄影就能相通相融,诗歌艺术能深化摄影作品的内涵。所以,我希望每个摄影者都能经常读诗甚至写诗。

现在离我做“文澜沙龙”主讲人已经过去几年光景了,在这段时间里我经历了人生的起波折伏,但这更坚定了我对摄影的热爱。如果能有机会再主讲“文澜沙龙”,我将以更深入的话题剖析摄影,分享拍摄经验,与大家一起探讨人生。

图:《文澜沙龙》是“文澜沙龙”活动的延伸产物,是一本由读者自编自办的公益性刊物,是什么促使您在杂志最艰难的时候担当起执行总编的职责?

李:当然还是因为喜爱“文澜沙龙”的缘故。起初和热心读者胡拉拉等十几位朋友讨论办杂志的事,得到了杭州图书馆专题文献中心吴一舟主任的大力支持,我们就尝试地办了两期,这样一发而不可收,一直坚持到现在。与其他读者的共事中,我们也结下深厚的友谊。之后有些人因事离开,但我们并没有因此放弃,我干脆主动担当起编辑杂志的事。因为《文澜沙龙》这本杂志凝结着“文澜沙龙人”的精神——积极主动地参与,公开平等地对话和探讨,与所有的读者分享沙龙经验、成果与快乐。这种精神和理念很值得提倡、宣扬,这么多年坚持下来也不容易,我们都不会轻言放弃。而且,办《文澜沙龙》杂志这事本身就是充满快乐和正能量的,也值得我无怨无悔地付出。

图:《文澜沙龙》杂志办了快 4 年了,您觉得还能有什么样的突破?

李:杂志本身就是一场沙龙,它将半年来丰富精彩的活动内容集中展示给读者,既推广“文澜沙龙”活动,又弥补有些读者未能亲自参与的遗憾。我觉得今后杂志在内容与形式上都可做些调整:除了展示“文澜沙龙”活动外,还可以加入时下的热点话题,以引发读者的讨论,吸引更多读者参与其中;写作形式也可以更加多样化,如访谈、散文、诗歌、纪实、小小说等,也都可试试,这样,《文澜沙龙》就更具可读性了。

李震宇主持《文澜沙龙》的编辑工作

图：将自己擅长的专业运用到沙龙中，成为主讲人，又帮忙拍摄“文澜沙龙”的户外活动，还要做好《文澜沙龙》的主编工作……您怎么忙得过来？

李：我只是把自己的专长运用到自己喜欢的沙龙里。图书馆作为公共资源一直是为大众服务的，它为我们提供舒适的阅读环境、丰富的馆藏资源和多元的文化活动，而我为沙龙做一些事，也算是服务图书馆、服务社会，我觉得这是一种回馈，也是我力所能及的事。服务图书馆让我觉得很充实，很快乐。干自己喜欢的事，无论多累，内心也是轻松的。

图书馆给我们提供了一个很好的展示平台，我有一个愿望：希望能在图书馆举办一场具有时代感的摄影展，照片大概50幅左右，记录在这个时代里发生的一些震撼人心的事，我希望那些不该被遗忘的，那些要唤起大家去了解、去铭记的场景、事件，统统能在我们的镜头下得以体现。

（执笔：陈姝丽）

图书馆的文化活动，丰富我的人生

沈晓文，男，1984年出生，杭州人。2007年毕业于浙江工业大学。现为外企员工，杭州图书馆“文澜沙龙”之“环球旅行分享”系列沙龙主讲人。2011年1月16日，在杭州图书馆组织策划“环球旅行分享会”大型交流会，吸引了两百多名读者参与，由于反响热烈，连续举办了两期。2012年通过杭州图书馆专题文献中心推荐参加浙江省图书馆学会组织的“读者活动方案策划大赛”，荣获二等奖和最高人气奖。同时他还向杭州图书馆积极推荐“外语学习”沙龙的优秀主讲人，让越来越多的读者加入到主讲人志愿者队伍中。他自我要求非常高，每次活动开场前都要进行预演，结束后对人员组织、活动形式、内容、报道等方面工作进行整理总结。现在，“环球旅行分享会”已成为“文澜沙龙”中最受读者欢迎的系列活动之一。

受访者：沈晓文（以下简称“沈”）

采访地点：杭州图书馆专题文献中心

图：您是如何开始接触“文澜沙龙”的？

沈：4年前，我第一次来到杭州图书馆，就被这儿的环境深深吸引，这是一个让人感觉很放松很享受的地方，之后我就常常邀请朋友一起到图书馆看书。

一次偶然的机会，我看到了有关《文澜沙龙》杂志读者交流会的活动宣传，我就试着参加了一次。交流会由时任专题文献中心主任的吴一舟先生主持，热心读者、第一期《文澜沙龙》主编胡拉拉等人一起参与讨论。交流会上我对胡拉拉印象很深，她是个能言善辩，充满激情的人，不仅负责现场活动的组织，还对下一场活动做了相应的安排，并热情发动每位读者自告奋勇地来承担《文澜沙龙》杂志的编辑、美工、排版、校对等工作，作为一个旁观者，我深深地被感染了。当时我还以为她是图书馆的工作人员，特别崇拜她。交流会结束后我找到她，希望能在杭州图书馆开展一系列的旅游分享活动，这便有了后来的“环球旅行分享会”。

图：能具体聊聊“环球旅行分享会”吗？

沈：由于工作原因，我经常有机会去国外，遇到过很多新奇的事，也了解到一些国家的文化和风俗，我非常想与人分享。所以，在那次《文澜沙龙》读者交流会中，我对胡拉拉说：“能不能让我来试一下？”胡拉拉立刻显示出莫大的兴趣，吴一舟主任也当即表示欢迎。于是，2010 年 10 月 24 日，我开始担任“环球旅行分享会”主讲，把自己的个人经历与大家分享。分享会在杭州图书馆三楼的第九研究室举行。场面很火爆，现场只有 40 张椅子，却来了 80 多个读者，连地上都坐满了，有些还挤在门口！交流过程中，读者对我的所见所闻感到很新奇，不时报以热烈的掌声，以致后来还接到自修区读者的不满反映——影响到他们看书了！所以在第九研究室做过两场后，我就同吴一舟主任商量，把活动场地移到一楼，那儿更为宽敞，也相对独立，可以做更大型的交流会。

2011 年 1 月 16 日，首场大型的“环球旅行分享会”在杭州图书馆报告厅举行。活动在下午两点钟正式开始，可有些读者 12 点钟就到了！他们都想近距离地与我分享交流。本来规定 1 点 30 分开始进场，后来不得不提早到 1 点 15 分。整整两个小时的交流互动，读者依然意犹未尽，活动一直持续到下午 5 点半，图书馆保安提醒大家报告厅关闭时间到了，他们又移到走廊上热烈交流了半个钟头！

不同国家的朋友在“环球旅行分享会”现场

通过这次分享会，我真正地意识到当代人热衷旅游，他们希望能了解到更多国家的文化艺术和风土人情，我一个人的经历显然还无法满足大家，这就需要更多的有国外旅行经历的朋友来分享他们的故事。因此，我又邀请了自己身边的许多小伙伴们一起来加入分享活动，不同的主讲人分享不同国家地区的人文和风俗。对读者而言，他们足不出户便能知晓天下；对我而言，我就是一位传播文化的使者，我通过亲身经历，以及一些有趣的故事，让读者对其他国家有一些粗浅的印象，为此我感到非常骄傲。

图：组织了这么多场的“环球旅行分享会”，您觉得读者的关注点在哪里？

沈：年轻的读者对旅行攻略很感兴趣，比如哪些地方好玩，有什么美食，有哪些特产……我很乐意帮助别人做攻略，因为这也算是一种价值的体现。在攻略中我会告诉他们一些不为人注意的细节，如在欧洲有很多交通工具可以选择，但是在瑞士一定要坐火车，那是一种独特的旅行方式，别有风味。年长的读者则特别想听中国和外国的文化差异，比如当地的学校、医院与中国的有什么不同，他们还会提一些连我也没有关注到的问题，如环保问题——全球气候变暖对国外的环境都造成哪些变化？冰川融化到怎样的地步？……这也大大激发了我的求知欲，我后来出国关注的问题就更广泛了，尤其关注一个地方的环境变化。在活动中，还有些读者乐意帮我纠错。所以这活动到最后成了一个双向分享的过程，我与读者的分享，读者与我的分享，读者与读者的分享，这也让活动的意义大幅度扩展。现在，这活动已经成为一个活跃的交流平台，通过这个平台我结交了很多兴趣爱好相近的朋友。在这个平台上，每个人都讲述自己的故事，每个人都可能成为主讲人。

图：“环球旅行分享会”系列是您组织的最为满意的沙龙吗？

沈：应该算是影响力最大的沙龙吧。自从在杭州图书馆做“环球旅行分享会”沙龙活动，有许多媒体开始与我接洽，如浙江之声、浙江传媒、《都市周报》都为我的活动做了预告，后来又邀请我们去电台做节目。有一次我刚从阿根廷回来，我有一个当教师的朋友也刚从美国回来，我们就一起被电台邀请去做节目，很令人兴奋。这是一档名为“快乐出发”的以旅游为主题的分享节目，能上这节目的人都有丰富的人生阅历。我想，媒体对我感兴趣是有原因的：首先，我组织的活动很有文化价值；其次，我选择在杭州图书馆做活动，这地方既正规又富有文学气息，也足够引起媒体的注目。

图：您除了主讲“环球旅行分享会”，还在杭州图书馆做了哪些沙龙活动？

沈：除了“环球旅行分享会”之外，我还主讲过很多沙龙，如读书会、小语种分享会、观影会等。现在我已学习了七门语言，有中文、英语、西班牙语、葡萄牙语、法语、韩语、俄语。学习语言是我的兴趣爱好，我的目标是掌握10—12门语言。小语种分享会特别能锻炼语言运用的技巧技能，我非常愿用自己所学的知识，所感悟的人生与读者分享。每个人都需要有自己的特点和价值,我希望“外语”能成为我的亮点。我觉得,杭州图书馆“文澜沙龙”是一个交流、分享和展示个人风采的平台,为身怀一技之长的读者提供了一个绝佳舞台。

图:组织活动背后一定有许多有趣的故事吧?

沈:其实每次活动都有故事发生,有些是能意料到,但更多的是意料之外的。比如有一场活动,开场前两个小时主讲人打电话说无法前来了,当时我感觉头都大了!幸好我事先都会对沙龙相关内容进行准备,关键时刻只有自己顶上,从组织者变成主讲人。就是有了此次经历,我之后组织的沙龙活动都安排了两位主讲人。这样不仅能确保有主讲人到场,还能丰富活动的内容与形式,让读者了解更多知识与信息。在“欧洲回来说欧洲”这场活动中,杭州图书馆让我尝试做了一次现场直播,运用互联网技术,通过视频与读者分享,让不能来现场的读者也可以通过手机看到现场直播,效果还是很不错的。

图:在图书馆主持沙龙活动多长时间了?您感觉有什么收获吗?

沈:在杭州图书馆主持沙龙活动前后有4年了,这4年里我收获很大。

一是我的活动组织经验更丰富了。之前我觉得组织沙龙只要主讲一场就行,后来才明白组织一场活动是非常不容易的事,它需要有前期的策划、中期的宣传、活动开场前的彩排、读者管理以及后期的意见反馈等,从场地的安排到主讲人的确定都需要同很多人打交道。有人也许会说不就是组织一场沙龙嘛,哪里还需要彩排?但是如果不彩排,当读者进场之后,一切都会变得不可控。经过彩排,我至少能了解到现场可能存在的问题并做及时补救。有时我也会向新主讲人传授与读者互动的方式和经验,确保活动顺利且有趣地开展。

二是通过活动我认识了很多好朋友,他们经常来杭州图书馆看书,似乎已经把图书馆当作自己的第二个家,而我的活动则是他们在此学习时的调剂品,他们积极参与这些活动并享受其中的快乐。

三是我内心的世界也更大了。通过这些经历,我感受到这个世界的丰富和美好,自己的内心也在不断地完善。如果没有来杭州图书馆,没有独立主持沙龙活动的经历,一些宝贵的意见和建议我就无法听到,就不能促进自己不断学习、不断提高。

图:您觉得跟别人分享是一种快乐?

沈:我觉得分享的快乐是无法用语言来表达的,这活动不光对我有价值,对别人也同样有价值。比如去一个国家,在旅行过程中可能会碰到因为文化差异所带来的困扰,那时我会告诉大家这一点也不用奇怪,我会用自己的经历来帮助他们解决,那就是一种快乐。

我觉得在国外语言并不是最大的问题，文化的差异才是最难逾越的障碍。比如我在国外问路，热情的路人会将自己的电话号码告诉我，还邀请我去他们家做客，毫无保留地与我分享他的人生经历；而这在我们中国，就显得毫无防备之心了。

沈晓文与读者分享环球旅行的快乐

读万卷书不如行万里路。深入到国外当地人的生活中，与他们沟通很重要，这是最快了解和融入当地文化的途径，他们也很乐意从我这儿分享到中国的文化艺术与风土人情。

图：能谈谈您在国外的经历吗？您经常出国，有没去过当地的图书馆？

沈：我第一次去的是德国，下了车站不知道地铁检票处在哪里，找了很久也找不到检票的地方，有一个出入口，但我不敢进去，当地人告诉我就从那个出入口直接进去。那时我想假如我不买票呢，后果会如何？其实这个问题在国外根本不成立，因为如果不买票被扣留，将会受到很严厉的处罚。不检票只是为了方便快捷，但如果忘记买票也可以在下车后补票。就是这样的一种次序，才使整个国家井然有序。这也是我在中国完全体验不到的。

还有一次，我在德国超市排队付款，当时我是第10个顾客。突然，我发现第一位顾客转身看看，居然招手让我插在他前面。我不敢相信自己的眼睛，站着不动，结果，其他顾客也纷纷示意我前往结账。他们说，他们东西都很多，而我手里就一两样东西，怕我耽搁太久，所以让插队。我觉得当地的民风真是热情淳朴！

自从我在杭州图书馆主持沙龙活动后，每到一个国家，我都会尽可能地去当地图书馆、书店看看。像巴西圣保罗的Livraria书店，有专门的阅读区，宽大、舒适，感觉很不错；巴西圣保罗地区图书馆，馆内的硬件设施不能与杭州图书馆相提并论，但馆员耐心的服务态度给我留下了深刻的印象。他们很热情，主动问我找什么书，还特地向我介绍了中国书籍的摆放位置。在与他们的交谈中我知道他们其实并不真正了解中国，他们印象中的中国就是《卧虎藏龙》里所描述的古老而神秘的国度，我当然向他们做了详细的解说。那时，我觉得这等于把中国的文化传播到国外。就这样，我努力与世界沟通，用沟通的方式了解世界。

图：在“落户”杭州图书馆之前，有在其他地方组织过活动吗？

沈：以前在小咖啡馆做过，其实也就是和朋友三五成群地在一起聊天分享。后来去上海学语言，很荣幸地在上海中巴文化研究中心组织过一次“巴西零距离”的活动。由于工作太忙，经常出国，之前的活动都不是固定的，只是到了杭州图书馆以后，才开始了定期的沙龙活动，一直坚持了4年之久。

图：您组织的活动如此吸引读者的原因是什么？

沈：认真的态度和一颗愿意分享的心。起初活动只有我一个人主讲，但是渐渐地主讲人就越来越多了。有些读者本来素不相识，但是看到活动宣传都愿意来分享，可见分享活动有许多乐趣，能激发人们内心的表现欲望。

图：2012年杭州图书馆专题文献中心推荐您参加浙江省图书馆学会举办的“活动方案策划大赛”，您获得最高人气奖，能具体谈谈比赛过程吗？

沈：先要感谢杭州图书馆，特别是粟慧副馆长给了我很多的鼓励和帮助。比赛现场对于我来说是自我展示的平台，我介绍了自己组织策划活动的经历，短短的五分钟根本来不及分享，以致很多细节无法描述完整，虽然最后获得二等奖，但还是觉得有点遗憾。在最后自由发挥环节，我展现了一位活动、旅游爱好者的特性，快乐地唱歌，讲我擅长的西班牙语，因此得到了最高人气奖。

图：对于活动策划您是否还尝试做一些创新呢？

沈：是的，已经在策划中，希望明年年初能继续做我喜欢的“环球旅行分享会”和“七国语言交流会”等。通过这么多年经验的积累，在内容和形式上我们会注入更多的分享元素，相信能让读者们有耳目一新的感觉。比如活动现场配合微博大屏幕，或通过相关媒体直播，设置现场热线，让任何地点的任何人都能参与，实现与全国的旅游爱好者互动；除了我自己主讲国外经历，还可以挖掘更多新的主讲人，甚至可以邀请外国朋友讲讲他们自己的国家，或讲讲他们眼中的中国……内容包罗万象，形式日益创新，受众越来越广——这就是我对未来活动的期望。

（执笔：陈姝丽）

不讲佛法只讲幸福

昌乐法师,男,俗名陆海,法号寂开,法名昌乐,1976年出生。自幼受父辈的影响信守佛法,中学毕业后拜觉智老和尚为师,在南京栖霞古寺出家。2005年到余杭佛教协会,做基层的佛教调研工作。2005年9月由余杭区宗教局、佛教协会派往崇贤南山讲寺,从事"社区佛教"的探索实践工作,并创立了"南山讲寺净土修学中心",带领大众弘扬以正法为中心的佛教,取得了显著的成果。2009年在杭州图书馆"文澜沙龙"中开创"幸福人生"主题系列讲座。

受访者:昌乐法师(以下简称"昌乐")

采访地点:杭州图书馆专题文献中心

图:法师,您最初与图书馆是如何结缘的?

昌乐:我与杭州图书馆结缘大概有5年了吧。2009年年初,杭州图书馆"文澜沙龙"诞生,一年后我在杭州图书馆馆员赵福莲老师的引荐下带着佛家思想走进了图书馆,参与"文澜沙龙"活动,做了其中一个系列活动"幸福人生"的主讲嘉宾。可是当时我还不知道什么是沙龙,该如何做沙龙,我只是抱着试试看的心态进行体验。刚开始,读者也觉得很奇怪:怎么图书馆来了个和尚?而且还给他们做讲座!

刚开始时我自己心里也有些打鼓,担心读者来得太少。令我感动的是,杭州图书馆对"幸福人生"沙龙做了大力宣传,无论是"文澜在线"还是三楼入口处,都有"幸福人生"沙龙海报。佛教作为一种宗教文化,能在公共平台进行多方宣传是很难得的,这同样也说明了杭州图书馆的包容性,愿意以开放的心态接纳方外之士,让佛家弟子有机会与读者交流互动,也让读者有机会了解佛家弟子的生活和追求。第一期参与活动的读者就不少,之后更是越来越多,我也渐渐地领悟了该如何做沙龙。

图:您这沙龙为何命名"幸福人生"?

昌乐:沙龙,更像是一群朋友聊天,我的责任就是尽量让这聊天变得轻松有趣,发扬正能量,使人与人相处更加和谐。不断有新朋友加入,彼此渐渐由陌生到熟悉,聊着聊着,不知不觉地就会敞开心扉。而我,也就借这个平台与大家探讨、分享多年来从学佛中所悟得的生活道理、修身养性之术。能与大家分享佛法对我来说就是幸福;能畅所欲言,说出胸中块垒,并能当场感悟到一定的人生哲理,这对读者而言,也是幸福的。希望每一个读者都能过得幸福快乐,因此取名"幸福人生"。

图:"幸福人生"沙龙已经做了几年了?您一直坚持的原因是什么?

昌乐:从2010年开始,到现在已经整整4年了,一直支撑着我的是一种感动。杭州图书馆为各方人士提供平等的展示平台,为读者提供多元文化分享交流的机会。我来这里并不是来传教的,我不劝大家吃斋念经、烧香拜佛。这里与寺庙不一样,走进寺院的人一般都有根深蒂固的宗教信仰,而走进图书馆的则是一些爱学习、有好奇心的人,所以在这里我必须放下佛教外在的框框。我把自己主讲的沙龙内容定位为"感悟与追寻"——当一个人面临问题时,该如何寻找解决问题的方法?我的任务就是与读者共同摸索、共同追寻。一个人内心世界的观念出了偏差,就要及时调整。佛法,在这调整的过程中,起那么一丁点的作用,也是很好的吧!恰恰是这种定位让我找到了与图书馆的平衡点,这么多年来,我与读者一直相处得十分快乐、和谐。

图:传经授业应该有很多可以选择的地方,为什么独爱杭州图书馆呢?

昌乐:我们佛家倡导众生平等,而杭州图书馆不拒绝乞丐拾荒者入内的做法,与佛家的平等理念相契合,所以,有读者称杭州图书馆为"史上最温暖的图书馆",在我心中也是如此,所以我选择了杭州图书馆。杭州图书馆一直倡导的是一种人人平等、和谐开放的理念,我们的"幸福人生"沙龙也以此作为导向一直做到了现在。4年来,我与图书馆、与读者之间建立起深厚的感情,大家盼着每月做沙龙的这个日子。去年图书馆为了表彰我在沙龙志愿主讲服务中的优秀表现,还特地赠送我一套书呢。

图:您在主持"幸福人生"沙龙的过程中,遇到过什么困难或障碍吗?

昌乐:是的。有时我也会遇到瓶颈,比如每个月都需要寻找话题,并期待让读者找到共鸣点,这个真有点让我头疼。

做了这么多年的沙龙活动,现在对读者的需求有了进一步了解,我也努力对沙龙的交流方式进行调整,使交流得以更和谐、更有效地进行。如近期的活动我就更注重交流内容和现场气氛,从交流中梳理说话人的内心,传递积极向上的精神面貌。两年前,我曾构思过一本关于图书馆沙龙的书,书名就叫《沙龙的味道》,记录"幸福人生"沙龙的过往与成长、读者互动的场景等,类似侧记。书中的内容均出自于读者,再由读者进行审校、编辑。

昌乐法师作为优秀志愿者代表在颁奖仪式上发言

图:您在“文澜沙龙”中常常为读者答疑解惑,这些问题都与佛法有关系吗?

昌乐:世上很多事是很难截然分开的。

“你想修行吗?很多事放不下。你想去极乐世界吗?现在这个问题离我还很遥远”。从上述的问答可以看出:世俗生活与佛教似乎是对立的,两者只能选其一,但是事实恰恰相反。因为无论是世俗生活还是佛法,追求幸福的终极目标是一致的,都是为了帮助我们更好地生活,做个幸福的人,面对人生,享受人生,并为他人服务。

只有做个幸福的人才能让身边的人感到幸福。我总是努力从佛教理论的瓶颈中跳出,让自己先变成人,再变成修行的人,再成为大家的朋友。我是个真实的人,现在是这样,若干年后还是这样,我没有什么东西值得大家去推崇。也只有这样,我才能拉近自己与读者的距离,促使他们打开自己的心扉。我通过“文澜沙龙”透出的佛教人生观与生活是和谐的,它不是与原来的生活决绝,而是进一步观察自己的生活,去找到生活的钥匙。

生活还要自己去面对,如汽车坏了,你弃车而逃,只是逃避,当然汽车不可能自己修好,要去寻找解决的办法,要以一种积极的态度面对生活。没有人不希望自己幸福,只是没有找对方法而已。

在此过程中,每个人需要注意的是:如果没有东西可拾起,又岂能让人放下?我从写作和沙龙中就想透露这样一个信息。

图:是的,读者并非佛教徒,您如果专从佛教的角度分析问题,往往会引起他们的逆反,但如果撇开佛法不谈,您觉得自己和心理咨询师有什么区别?

昌乐:这二者也无法截然分开。西方的心理咨询师是基督教没落之后,对教会缺失的另一种精神补充,所有宗教的起源几乎都与心理有关。我们现在缺乏心理常识,也缺乏生理常识——人的身体一旦长期处于静止状态,就会情绪低落,只有保持健康的运动才能使精神面貌更好。同样,思想也要通过积极的交流,才能有效去除杂质,分清是非。我通过"文澜沙龙"活动现场可以观察出读者身心的变化,在交流中增加信任度,我也努力通过种种疏导使他们重建对人生的信念。

图:听说您除了主持"文澜沙龙",以自己的方式宣扬佛法,还非常喜欢读书,能谈谈您的阅读心得吗?

昌乐:我非常喜欢读书。走进杭州图书馆的大门,看到这么多藏书,我就觉得,在这世上,没有什么问题是大问题,有书就有了一切。我爱书,出家这么久,所有的家当只有书。我的藏书以佛教文化方面的书居多,但有时也会看看新闻类著作,关心当今社会上发生的大事。阅读犹如进超市,选择自己需要的。读书就是用开放性的思维来塑造自己的观念,这犹如站在巨人的肩膀上,可以看得更远。有开阔的视野,加上有效的实践,自身素质就能得到很快提升。

我对心理学、历史类的书也比较感兴趣,广泛的阅读能让人视野更开阔,从书中找到与自己人生相似的经历,你会发现人生的路并不难走。所以,当我走进杭州图书馆的大门,就特别有安全感。几乎一切问题,我都可以在书中找到答案。

图:听说您还出版了一系列的书,都是些什么书?这些书的出版是否得益于您平时的阅读?

昌乐:目前我出版了3本书——《水岸边》《冬笋》《光·年》,杭州图书馆都有收藏。这些书有些是对人生、对事件的感悟,有些则是讲座录音的整理。这些书的出版与我平时喜爱阅读肯定是有关系的,阅读产生灵感,阅读也是思想的源泉。以后我还会写些有关佛教学术的书,这类书会用到较多的专业性文献,以后我还要到杭州图书馆的佛学图书馆多多查阅。

图:很多热心的小读者也参加了您的"幸福人生"沙龙,您对他们的阅读有何建议呢?

昌乐:我觉得我们要营造让小孩自由生长的环境,大人不要把阅读当成任务硬塞给孩子,而是要激发孩子的阅读兴趣,可以让他们边玩边阅读,或以玩的方式阅读,重要的是让他们自由成长。久而久之,他们就会从心底爱上阅读。

我是一名从农村出来的小孩，从小没有受到很好的教育，初中毕业，根性比较劣。一个初中生，走上社会就没有了方向，完全不知道这日子该如何过。在人生最困惑的阶段，通过阅读，我不断了解他人的经历，学习哲人对人生的感悟，最终帮助自己找到了方向。阅读启发你的思维，青少年最适合用阅读的方式打开视野。

阅读改变人生。所以，培养孩子的阅读兴趣，让他们主动阅读才是问题关键。

图：您名片上印有“行者”二字，请问什么是行者？“文澜沙龙·幸福人生”沙龙是否就是您“行者”生涯的一部分？

昌乐：行者就是佛陀座下的行者，意即脚踏实地修行的人，菩提树下传递佛法、打杂的人。佛教让我明白了只有把自己分析透彻，才能选择走哪条路。我文化程度不高，就乐于在佛前打打杂，“幸福人生”也是我打杂的一种方式吧！

图：您对“文澜沙龙·幸福人生”活动的开展还有什么建议吗？

昌乐：还可以通过各种模式开发读者的潜力，服务社会。比如建立微信群，把参加活动的读者吸纳进来，做一些公益的事。我们不但在沙龙中讲思想，讲心灵，还要身体力行，从生活小事做起，帮助需要帮助的人。现在杭州外来打工者很多，他们在大城市生存很不容易，创业也很艰难。很多人生性腼腆，也不愿意多说。我觉得可以让他们在这群里与年长且有经验的人结为对子，进行深入交谈，很多问题会在这样的倾心交谈中迎刃而解。

人生中的浮躁之气来源于陌生感，这就需要多交流多沟通，建立微信群就是为了加强沟通。这也是“幸福人生”沙龙活动后的另一种延伸，能使受众更广泛，也更能引起读者的共鸣。

图：听说您每年腊八节都向杭州图书馆员工施舍腊八粥，让图书馆员工感觉“很甜很温暖”？

昌乐：佛教对于民众来说，除信仰，还是充满生活气息的民俗文化。佛教在中国生根发芽，并且已全方位地融入人们的生活当中。所以，很多人尽管没有佛教信仰，对于佛教却并不陌生，这也是我们这个社会离不开佛教的原因。

腊八粥就是这样的典型。它源于寺院在物质缺乏的年代中，寒冷的冬天寺院对穷苦人的帮助——给他们点粥吃，由此后来演变成为民俗文化的一部分。

时至今日，物质再也不像以前那样匮乏，腊八粥成了人们感受佛菩萨善意、接受佛菩萨祝福的一种方式，在冬日的严寒中让人们倍感温暖！

昌乐法师讲述"幸福人生"

不过,对于现在的人们来说,这只是一种外在的形式的感受,还不能真正帮助我们获得佛陀的智慧。我们的人生若想拥有菩萨那样的大自在、大智慧,那还要从真正了解佛教开始呢。

链接:热心读者眼中的"幸福人生"

昌乐法师主持的"幸福人生"沙龙我差不多参加有10来次了,每次来都有不同的收获。第一次参加这活动也是一个偶然的机会——因为工作压力,想到图书馆安静地看上一会书,期望从书中找到安慰和共鸣。看到有个和尚讲"幸福",心生好奇,便坐了下来。当时会场气氛很轻松,于是我就把自己的烦恼和压力说了出来,得到了法师的耐心、幽默的解惑后,心中豁然开朗!之后,法师又对其他人提出的不同问题一一作了解答。从那时起,我就开始喜欢杭州图书馆,喜欢"幸福人生"沙龙了。

之后,只要我有空,就一定去听听昌乐法师的"幸福人生"。虽然每次沙龙的主题并不一定符合我的心理需求,但每次的收获却都出乎意料的多。法师的言谈举止不仅改变了我对和尚的偏见,还解决了我与他人之间交流的困难,更改变了我的人生观、价值观,使我重新认识这个世界!"幸福人生"不是讲座,更像是"社会大学",教授在与学生进行一对一的耐心交流,简单易懂,又让人回味无穷。

我喜欢"幸福人生"!

(执笔:陈姝丽)

愿做一名促进国际文化交流的使者

罗巍,男,1970年出生,杭州人。1992年毕业于浙江大学,杭州市国际交流服务中心的负责人。2013年,杭州图书馆"文澜大讲堂"新增"家门口看世界"系列讲座(原名"世界风情"),为市民读者呈现世界各国文化风情。活动的直接合作方杭州市国际交流服务中心为杭州图书馆和各国驻华大使馆、驻沪总领馆搭建起联络平台,把中国外交官、各国驻华大使及驻沪领事带进杭州图书馆,与市民读者面对面。2013年"家门口看世界"系列活动向读者推介国家11个,举办主题和专题活动共13场。这一年,罗巍在杭州图书馆度过了大部分的工作和闲暇时间。"家门口看世界"让罗巍的生活发生了很大变化,同时他也见证了杭州图书馆的成长点滴,这点滴中,也有他的辛勤汗水……

受访者:罗巍(以下简称"罗")

采访地点:杭州市国际交流服务中心

图:我们很好奇,杭州市国际交流服务中心平时做些什么?

罗:杭州市国际交流服务中心是杭州市外事办公室下属的专门从事外事接待、外事服务、国际交流服务的一个机构。1992年成立初期时的职能定位比较单纯,以具体的外事服务为主,包括代办因公出国护照、签证,接待来访团组等。随着杭州市对外交流的日益扩展,我们的工作也在逐步地探索中前进,比如文化的、艺术的交流,再比如让企事业单位走出去,提供经贸类服务。现在我们有了"公益外事"这样一个全新的概念,按照杭州市外事办公室的总体工作要求,除了完成出访、接待任务,我们会把更多的精力放在与国际交流相关的公益活动上。

图:最初杭州图书馆找到您,一起策划"家门口看世界"这样的活动,您的第一反应是什么?

罗:其实在杭州图书馆联系我们之前,我们已经意识到做这类活动的必要性。中国大部分普通老百姓都感觉外事交流是国家或者地方政府的事情,与自己没有直接联系。但事实并非如此，我们觉得只有与普通民众间有了直接的、密切的交流，民族与民族间的距离才算是真正地拉近了。现在出国旅游的人越来越多，大家往往带有猎奇的心态，想看看新奇的东西，而参加“家门口看世界”文化活动则会有不一样的体验，我们讲各国的历史、文化和艺术，这是一个知识性很强的文化体验过程，读者得到的是对一个国家的更深刻的了解。

如果没有图书馆的介入，我们还没有找到一个合适的渠道去落实我们的想法。当时想过与大学合作，但是大学的受众面相对局限。接触了图书馆之后，我觉得这是一个广阔的公共平台，是公共文化、艺术交流的大舞台，是公众社交的一个重要场所。杭州图书馆在这方面有先进的理念，在文化交流活动上的投入可以说是不遗余力。

所以，当杭州图书馆提出“家门口看世界”活动的最初设想时，我就很感兴趣，这真的是一件很值得做的事。

图：除了工作上的原因，您自己对这类活动是否有偏好？

罗：是的，作为出生在杭州、成长在杭州的普通杭州市民，我为我的家乡感到自豪。越是走过了五湖四海，越是投入与国外的交流工作，越是发觉杭州的美丽，为杭州近年来的发展感到自豪，每次出国或者与国外友人交流的时候，总是寻找机会更广泛地介绍杭州，同时，也希望普通的杭州市民能有机会多出去走走，扩大杭州的影响力。基于这样的想法，对于能扩大杭州影响力的活动，总是尽力去参与。做这样的大型公益活动无疑是一次结果未知的探索和尝试，每月一期的活动频次也给我增加了很大的工作量和压力。但我自己对多元文化交流活动一向有浓厚的兴趣，我也想跳出工作的框框，做点不一样的事。

因为工作的关系，我有很多出访的任务和机会。记得2002年我去日本，当地人问我中国是否有移动式空调、是否有节能型的小汽车，这让我觉得很意外。一方面感觉日本和我们这么近，但却那么生疏；另一方面也感到无论是国内国外的人，对彼此都会感到好奇，都有着要互相了解、互相学习的愿望。和那个时候相比，现在的资讯发达了很多，互联网把世界各地的人们联系在了一个社区内，这是非常积极的。但是，当信息太自由的时候，不实的虚假信息就会误导很多人。

“家门口看世界”就好比我们为老百姓提供的认识世界的另一个通道，另一扇窗户。在这里，由各个国家的大使、领事以及我们国家的外交官担任主讲人，他们不仅为市民提供关于另一个国家的真实信息，还与市民分享他们个人的感受，理性与感性相结合，给市民留下了深刻的印象。

“家门口看世界”——澳大利亚文化月讲座现场

图:组织“家门口看世界”第一期活动时,您感觉压力很大吗?

罗:“家门口看世界”对我来说也是一种全新的工作体验,我和我的团队是边摸索边前行的。在第一期活动举办之前我们有两个担心,一是担心市民是否会喜欢这种活动的内容和形式;二是我们的活动信息是否通过多方面的渠道达到了受众那里。

第一期活动内容是意大利国家文化风情,邀请到的是意大利驻沪领事馆的文化参赞卡萨齐先生。没想到,现场来了很多热情的读者,互动也非常热烈。

图:在活动具体操作过程中,有什么困扰您的事?您又是怎样克服的?

罗:存在很多困难,但我们对此做了充分的思想准备。首先,这原本不是我们的常规工作内容,我们需要努力探索开展的途径和技巧。其次,除了平常工作量的增加外,我们还需要放弃自己的双休日,才能把这事做好。这些问题我和我的团队在事前进行了充分的沟通,打好了预防针。所幸团队里的每一个人做得十分投入,这让我很高兴。这样的工作激情太重要了!这是一件很有意义的事,有了工作激情,才能从中找到快乐,找到自己的存在价值。

公益活动要长期良性地运行下去,人力支持与经费保障都必不可少。为此,我们一方面努力申请用于“公益外事”的基金;另一方面,当活动有了良好的口碑和影响力之后,我们希望引起其他公益机构或者企业的关注和支持,以充实我们的人力和物力。在这方面,我们既有目标,也有信心。

当然也有很多非常曲折的沟通过程。比如2013年10月做的法国专场，我们花了很长时间交流沟通，希望邀请到法国领事馆的相关人员出席活动现场，但最后因为中法建交50周年各种事务缠身，他们没法前来，双方都有点遗憾。再比如2014年4月的俄罗斯专场也非常惊险，之前领事馆一直未确定出席人员，直到活动前几天才通知我们，出席的是副总领事奥列格·钱金先生，我们感到很高兴。活动效果出乎意料的好，奥列格·钱金先生还在活动结束后特意留下来和我们热烈交流，并对活动做了高度评价。其实，杭州市民看到的都是活动当天呈现在他们面前的很成型的一个文化交流沙龙，活动背后的故事太多太多了。

到目前为止，"家门口看世界"活动已经举办了14期，活动受到杭州很多市民的喜爱。每场活动结束，该国官员都会在工作人员的引领下参观杭州图书馆，这也是我们展示杭州、展示杭州图书馆的一个很好的机会，活动的价值已远远超过了我们最初的预计。现在，"家门口看世界"这一文化活动已经有它自己蓬勃的生命力了。

图：在您和世界各国文化官员的接触当中，您觉得他们对这个活动感兴趣吗？是什么促使他们不远万里来到杭州向普通市民推介自己的国家？

罗：首先我得非常肯定地回答，他们对这个活动都很感兴趣，而且在每场活动之后，都给予了非常积极的反馈，我想这就是文化交流活动本身的魅力所在。

"家门口看世界"——匈牙利专场，读者免费品尝匈牙利葡萄酒

“家门口看世界”——韩国专场读者互动

中国驻悉尼总领事馆前总领事吴克明向杭州图书馆赠书

促使他们来做这个活动的原因有很多。那些驻华大使、领事本身就肩负着宣传他们自己国家形象的使命，他们非常渴望向我们呈现他们国家的文化、风情，比如之前我们做过的马尔代夫、哥伦比亚的相关活动，就得到了参与者的热烈响应。类似这些对很多人来说比较陌生的国家,能够有机会这样近距离地接触和了解,也是很多市民的愿望。活动过程中,领事馆的外国外交官也近距离地接触了杭州市民,他们在介绍和推广自己国家的同时,对杭州、对中国也有了更直观、更直接的了解。他们平时也像被关在象牙塔里,与政府机构的接触较多,与普通老百姓存在隔阂,"家门口看世界"为他们提供了一个很好的展示平台。与我们杭州市民面对面地交流对他们来说是非常有趣、非常新鲜的经历,这也为他们工作的开展提供了新的思路。

图:经历了这么多期的"家门口看世界"活动,您对图书馆这个地方的感觉跟之前相比,有发生变化吗?

罗:学生时代常去图书馆,主要是看看书查查资料,工作之后就慢慢少了。现在因为"家门口看世界"这个活动又成了图书馆的常客。我越来越认识到图书馆是一个很有趣的地方,充满着活力、开放和多元化因素,在这个平台上我们可以做很多事情。每次看到很多读者在图书馆阅读,都给我一种非常温暖的感觉,这种感觉让我内心变得非常平静,像回到了学生时代。现在,每次看到很多读者在图书馆参加各种文化活动,我更是心生喜悦——图书馆与时俱进,读者也找到了最适合自己的交流与学习的平台。

(执笔:何小茜)

做公益，接地气

陈晓红，女，1968 年出生，浙江桐庐人。1989 年毕业于浙江省艺术学校，2002 年毕业于杭州师范学院音乐系，2007 年在上海戏剧学院导演系进修，2012 年于上海戏剧学院戏曲学院获得艺术硕士学位。一级演员，杭州越剧传习院副院长。工花旦，师从王文娟，曾获浙江省第二届小百花会演优秀小百花奖与金艺奖，“日发杯”全国越剧青年演员折子戏大赛一等奖，浙江省第七届、第九届、第十二届戏剧节优秀表演奖，第五届戏剧节优秀主角奖，第十九届中国戏剧梅花奖，第七届中国艺术节文华表演奖等。2013 年春季，杭州越剧传习院、杭州图书馆联合推出公益少儿越剧表演培训班，陈晓红以“子越学堂”为名，为儿童搭建了认识越剧、学习越剧、走进越剧的免费教学平台。

受访者：陈晓红（以下简称“陈”）

采访地点：杭州图书馆社会文化活动部

图：听说您很早就成为杭州图书馆的忠实读者了，是吗？

陈：1999 年我当选市政协委员，同组的陆一珍老师是杭州图书馆的馆长，那时杭州图书馆还在浣纱路，离我家很近。我们院正要为我举办个人专场，为搜集个人专场的人物素材，我曾与陆馆长联系，寻找一些很专业的书籍。2008 年在上海戏剧学院导演系进修时，为导演作业《南归》的舞美设计找素材，也到过杭州图书馆。当时，我已在上海戏剧学院的图书馆看过一些资料，因时间关系没有找到相应的图片。周末回杭，就把作业带回了家，结果在杭州图书馆的一本清代画册中找到了我想要的图片，就以此图片作为参照。之后还为自考以及报考上海戏剧学院的研究生借阅了很多相应的书籍，应该说，因为杭州图书馆的近水楼台，为我的学习提供了很多方便。

2012 年，我刚担任杭州越剧院副院长，院里要我负责杭州大剧院可变小剧场的演出，因为做演出推广，去了搬迁于钱江新城的杭州图书馆。由杭州大剧院牵头，杭州越剧院提供主持及演员，杭州图书馆提供场馆，三家联合做了两次比较大的推广活动。当我第一次置身于焕然一新的读者报告厅时，突然感受到，原来图书馆除了借书外还可以做更多的事。

图:读书对您的越剧表演有帮助吗?

陈:读书对每一个人、每一种职业都有帮助,并且是通往精益求精的唯一途径。对戏曲演员而言,“台上一分钟,台下十年功”的行规无法破解,除了掌握技艺,以技艺化为手段塑造人物外,更多的要通过阅历提高文学修养,以达到所塑造人物的综合体现,一举一动都是你全部素养的积累和传递,有一句话叫“拼到最后是拼文化”,说的就是通过阅读对所塑造的人物有独特的理解,使人物更丰满更立体。

图:能谈谈您与杭州图书馆合作成立“子越学堂”的过程吗?

陈:2012 年我在杭州图书馆做了两场越剧推广活动,当时在场的读者反响非常热烈。为了答谢杭州图书馆的支持,年底我到杭州图书馆回访,此行竟意外地促成了“子越学堂”的建立。

公益培训的设想缘起于我在上海进修学习时。2008 年,上海戏剧学院的部分教授到德国访问,回国后与学生们分享了在德国的所见所闻,让我很受启发。教授们最大的感受是德国政府对戏剧的重视和支持,民众对戏剧艺术也表现出莫大的支持与崇敬,处处凸显出戏剧文化的强大和深入人心。

他们说,戏剧是德国的文化中心,德国有一个百年不变的传统,就是把戏剧作为一种社会福利,与医疗、教育并存,戏剧成了一种公众享受的产业。戏剧创作人员往往都有着强烈的社会责任感,这和我国传统的“文以载道”观点是一样的。德国的戏剧活动非常活跃和繁荣,一个城市有十几个剧场,每天都有演出。演出的题材、体裁及演出形式多种多样,形式的多样化超乎我们的想象。剧团也有一个非常好的传统,就是在每周的某一天,剧团的数名演员义务和儿童一起做戏剧游戏,孩子们自愿报名,没有任何限制。这是一个比较长远的培养观众的手段,是一个保证戏剧长期繁荣的举措,值得借鉴……

总之,德国从戏剧艺术家对艺术的创作到剧场经营管理都有一套完整的管理体系,特别是让孩子们接触戏剧、了解戏剧、走进戏剧,为培养戏剧观众设立的公益活动,让我最受启发。面对中国的戏曲现状,我非常想做这样的公益事业——让孩子们了解越剧、喜欢越剧、学习越剧、走进越剧,成为越剧的观众……

作为一名演员,要把这个事情做起来,确实有难度,首先摆在我面前的就是场馆、费用、管理等问题。

在回访中,与杭州图书馆刘丽东主任分享在活动中的点滴感受,感慨戏曲生存的不易,感叹时人对传统文化认识的缺失,非常有共鸣。在交流中,发觉刘丽东也是一位很有公益意识的负责人，对场馆、读者以及政策等的了解都很全面，并一直希望能做传统文化方面的公益活动，希望能在杭州图书馆这个公共平台上推出更多艺术类服务。于是，我把深藏了几年的心愿向她表露了出来，我们“一拍即合”，立即决定开办一个公益越剧培训班。当时正值年关，我又忙着下乡演出，所有的联系和筹备工作，都是通过电子邮件的往来完成的。2013 年正月初八，“子越学堂”第一期学员的招生信息就公布出去了。

图：为什么取名为“子越学堂”？

陈：“子越”二字包含了我对越剧的很多情感的。“越”，自然是越剧，杭州也是古越国的属地。那么“子”就有更多意思了，如，子孙、渺小的、种子、古代对人的尊称、您的……“子越”就是“您的越剧”“孩子的越剧”，“子”也代表我是越剧的孩子，为越剧所尽的绵薄之力，还有细水长流之意。“子越”这两个字代表了我对越剧的无限尊崇，以及对越剧得以代代传承的殷切期盼。

图：第一期招生和学习情况如何？

陈：首期招生 20 名，年龄在 5 至 12 岁之间。因为是公益班，一切以兴趣为前提，在这 20 个学员中，有学了没过多久就离开的，也有后来加入的，也有一直坚持学习到现在的孩子。虽然孩子们因为年龄的差距在理解和学习能力上都有不同，但总体来说还是比较稳定的，更主要的是孩子们家长的支持。

陈晓红为学生化妆

“子越学堂”每周五晚上六点半上课，以两年为一期。一周总共才一个半小时的培训，在这一个半小时内要学习基训、指法、台步、唱腔，表演等这么多内容，容量很大，所以上课期间，只留给孩子们喝水的时间，学习氛围很紧张，几乎是争分夺秒。

图：在“子越学堂”的教学中有让您印象深刻的事吗？

陈：很多。去年的雾霾天很多，有一天雾霾那么浓重，我以为孩子会有不少缺课的，但出乎我的意料，家长领着孩子戴着口罩行驶在浓重的雾霾中，全都早早地赶到了！其中有一个孩子家住临平，从临平坐地铁，再坐公交，路上要花一个多小时的时间。

还有一次是大暴雨。雨很大，我开车在去杭州图书馆的路上，雨刮器调到最快的速度，但还是看不见路。我想这么大的雨，孩子们肯定不会来了，今天去，也许只有我和陈昕其老师两个人了。没想到，当我沿着台阶朝着教室玻璃门望过去，透过磨砂玻璃我隐约看到孩子晃动的身影，耳边也响起了孩子们打闹的嬉笑声，温暖的感觉“轰”地一下从心底传遍全身，脚下也加快了步伐，推门而入——眼前的情景让我惊叹，六七个孩子在嬉闹，家长们靠在把杆上互相交流着，静静地等候着老师，脸上的表情是那样淡然，跟平时没啥两样。孩子们欢快的嬉笑声在教室里回响，与门外的暴雨声完全隔绝，恍若两个世界，我被深深地打动了。按部就班地进入课程，在纠正身段姿势时，发现孩子们的衣服被雨水淋湿了，湿得都可以拧出水来，我惊呆了。衣服湿透了，却没有一个孩子发出声音，还像平时一样专心地上课……

有一个孩子在学校学期结束时制作了一个她在“子越学堂”学习的PPT，内容大概是：我在学越剧、我的老师是谁、越剧是什么，以及她自己学习越剧的感受等，在学校里引起了很大的反响。我深受感动，因为她以学习越剧为荣。听她父亲说，她经常在家人及亲戚面前表演越剧，亲戚们也都表现出极大兴趣，并给予充分的肯定和赞赏，所以，这个孩子的学习积极性更大了。但一开始我觉得她身体的协调性不够好，从形体条件看也不太合适学花旦。经过一年多的培训，她的气质已经有了很大的变化，更主要的是她对越剧的热爱和认真的态度深深打动了我，让我对她彻底转变了看法——不管先天条件如何，只要用心，都是可以改变的！

有一个男孩子形象不错，很喜欢越剧，父母也很配合，不管是学唱腔还是练身段，包括现在的基本功训练，都能看到他满脸的认真。他告诉父母，将来要做一名越剧演员……

这一年多来，杭州图书馆对“子越学堂”的支持，特别是家长们的信任，以及孩子们的坚持，都深深地打动着我，虽说这对越剧的传承只是杯水车薪，但我愿意尽微薄之力，细水长流地走下去。

图:“子越学堂”的课程内容有什么特点？与其他培训机构有什么不同？

陈:在开办“子越”之前我也没有接触过其他的培训机构,对它们并不了解。“子越学堂”的课程设定是以我从业越剧30年的经历为参照的,我的班由我亲自来教授,另外又邀请我的同学陈昕其协助上课。除了演出,无论多忙,每周五我都抽出时间,雷打不动地赶往杭州图书馆。希望通过两年的培训,让他们掌握一定的戏曲程式及越剧表演,培养他们的戏剧审美和观剧经验,培养他们的古典人文气质。在不久的将来,也许会有几个孩子,成为大学校园戏曲社的成员,向同学们传递戏曲表演的经验;也许会有几个孩子,成了这里的公益老师……而我能肯定的是,他们一定是20年后的越剧观众。如果有一两个成为越剧的从业者,那就是锦上添花的事了。

陈晓红耐心地指导学生

图:中国戏曲文化源远流长,是深受欢迎的表演艺术。除了“子越学堂”,您对越剧的推广、传承还有什么设想？

陈:“子越学堂”开班一年多以来,就有不少读者希望开办成人班,每次来给孩子们上课的时候,家长们也是一直在一旁跟着学。如果接下来有机会,我会考虑开办越剧培训的成人班,主要以短期集训的形式开展,因为成人大多很忙,除了介绍越剧的渊源和发展,更多的是实实在在的形体和唱腔上的指导。

另外，我之前在市委宣传部组织策划的“市民学堂”、在长江实验小学分校等地开办的“越剧的起源与发展”讲座，虽然受众各有不同，但反响都很热烈。尤其是学校的孩子们，他们对戏曲怀有诸多好奇心，提出了很多的问题，比如“戏曲就是京剧吗”“你说他们在骑马，怎么没有看见马呀”“他们说话怎么是唱的呀”等，在我看来孩子们还是很愿意去接受戏曲文化的，只是我们没有去重视和普及。

图：您的公益行动让孩子们有了很大的收获，对您自己而言，是否也有自己的感悟？

陈：那是当然！首先我积累了相对系统的开办公益培训的经验，这经验包含了招生、备课、教学等方面，是由一名演员转换为教师的很好的实践。

其次，在授课中能将自己对越剧点滴感受分享给孩子们，又通过他们不断地分享给更多的人，这种传递好比星星之火，很有意义，相信星星之火可以燎原。

最主要的是，开办“子越学堂”这一公益行动给予了我回报社会的机会。作为一名越剧从业者，我一直致力于越剧的推广与传播事业，并乐此不疲，我想，这也是每一个越剧从业者义不容辞的责任吧。

越剧需要热心人，我希望有更多的越剧从业者加入到越剧传播中来，让越来越多的人了解越剧、喜爱越剧、学习越剧、走进越剧、成为越剧的观众、越剧的爱好者和从业者，这也是我最想看到的。

编者感悟：今天的采访让我们更全面地了解杭州图书馆“子越学堂”的起步及这一年多来的成长。正如最初《杭州日报》采访中所写到的：这是身为国家一级演员、中国戏曲“梅花奖”得主、杭州越剧传习院副院长陈晓红教过的最不“严肃”的表演课，而今天陈晓红还是一脸认真地告诉我们：“这是我做过的最接地气的事情了，从艺30多年，我一直希望传播越剧文化，让越剧不仅仅是舞台上的表演艺术，更能够成为公共文化的一部分。”采访接近尾声了，陈院长拿出手机，与我们一起分享着“子越”孩子们去年学期结束汇报课的照片，每个孩子都有自己的扮相：“林妹妹”“宝哥哥”“祝英台”“梁山伯”……小公益，大事业，“子越学堂”让一群热爱越剧的人在这里实现梦想。

（执笔：翁飞鸣）

热心公益，播种希望

谌卫军，男，1973年出生。1996年毕业于华中师范大学，中学高级教师，中央教科所教育生态研究中心研究员，浙江省中小学文学社联合会常务副会长，浙江自然之友常务理事兼办公室主任，杭州中美友谊民间纪念馆秘书长，"弘毅读书会"创办人。曾被评为杭州市教坛新秀、杭州市教育科研先进个人、"杭州市十大书迷"、全国中学语文教改之星、全国新教育实验先进个人、全国中学生文学社杰出指导教师……喜欢读书交流，热心公益活动，曾多次与杭州图书馆合作举办阅读推广活动，共同推动全民阅读。

受访者：谌卫军（以下简称"谌"）

采访地点：杭州图书馆文献服务与出版部

图：听说您是"杭州市十大书迷"，您一定很喜欢看书吧！平时都爱看什么书？

谌：是的，我平时很喜欢看书，我认为阅读使人丰富，讨论使人深刻，写作使人精确。我经常到杭州图书馆及下城区图书馆借书，一般都借绘本、历史、哲学、教育、社会学、管理学等书。人的一生中，三种相遇很重要：与书的相遇，与人的相遇，与神的相遇。一个人的阅读史就是他的精神成长史，也是他的人际关系史，甚至是他的事业发展史。从书籍中，我们可以更加深刻地认识自我，了解世界，纵观历史，遥望未来。通过读书，我们进入到作者笔下的那个全新的世界，进入到不同于现实的另一种生活。书籍可以使我们在有限的生命中体验不同的成长历程与生活磨难，从中我们获得对世界更全面的认识。历史是人类创造的历史，世界是人类生活在其中的世界，亲身体验，甘苦自知，然后再与柏拉图为友，与亚里士多德为友，与真理为友，就能与他们"促膝谈心"，甚至能"登高望远"了。具体地说，日本佐藤学教授的《静悄悄的革命》让我对"学习的共同体"心生向往，台湾李聪明先生的《教育生态学导论》让我对应试教育有了全面深刻的了解，寇延丁老师的《行动改变生存》、邓飞老师的《柔软改变中国》等让我明白了人生的意义不在于它的长度而在于它的宽度……此外，梁从诫先生"真心实意，身体力行"为自然请命，做自然之友的事迹一直激励着我，赵志毅教授主持的公民教育实验深深地吸引了我，袁天鹏老师的翻译让我学会罗伯特议事规则，赵华老师的讲述让我了解德鲁克管理思想……通过这些阅读，我最终明白，我的使命就是公民教育与环境保护，推广罗伯特议事规则和德鲁克管理思想，服务社会组织和社会企业，让黑土地长出绿色的希望。

图：您是因此而被评为“杭州市十大书迷”之一的？

谌：不仅仅是。我负责的浙江省中小学文学社联合会每年都要开展大型读书征文活动，并邀请名家和名师，走进校园和图书馆等地方，举办浙江新人文讲堂，为广大青少年和文学爱好者提供丰盛的文化大餐，并借助新媒体力量广为传播，形成风景独特的“浙江潮”；我还策划组织下城区首届中小学生读书节（由下城区委宣传部、区教育局和区文广新局共同举办），制定了青少年阅读成长量表；加上我指导风帆文学社屡获大奖，所以被下城区图书馆推荐参加“杭州市十大书迷”的评选。“杭州市十大书迷”活动是由西湖读书节组委会主办、杭州市文化广电新闻出版局和杭州图书馆具体承办的一项大型活动，主要是利用公共图书馆这个平台招募、联系社会上一切热爱阅读、积极利用公共图书馆资源的读者参与到活动中来，营造读书氛围，并通过骨干群体、榜样力量向社会发散。杭州市爱读书的人实在太多了，很多人家里藏书超过万册。杭州图书馆通过广泛宣传，收集大量信息，组织专家实地考评，层层遴选，综合分析，最终我有幸地当选为第五届“杭州市十大书迷”之一。

谌卫军在夏丏尊故居

图：听说您创办了一个很有影响力的读书会——弘毅读书会，并与杭州图书馆合作开展了一系列阅读推广活动，能详细介绍一下吗？

谌:2012 年 1 月 1 日我被评上“杭州市十大书迷”,这更激发了我的阅读兴趣,以及做阅读推广活动的动力,之后我就创办了弘毅读书会。这是一个学习、互助型组织,经常召集会员参加杭州图书馆主办的读书活动,如“莫言、麦加、舒婷、阿来、苏童五位作家与读者交流会”,如“奈保尔与麦家对话活动”等,也经常联合杭州浙江大学校友会、浙江大学走向公民基金会、大同思想网举办公民阅读沙龙,很多人称这些沙龙是一种久违了的自我启蒙和相互启蒙。我们的具体做法是先把新书或经典读物发给会员看,再邀请作家或学者与会员面对面交流,期待碰撞出思想的火花,达成基本的共识,推动社会的进步。特别值得一提的是,2012 年 7 月 18 日,弘毅读书会与杭州图书馆联合举办“雷锋精神与价值观”的讨论会,杭州图书馆邀请了著名作家黄亚洲、绿城集团资深营销策划总监杨芳菲和《人民论坛》杂志社浙江站站长金雄伟为主讲嘉宾,50 多位社会各界人士应邀出席。与会人员热烈讨论了在今天这个社会还要不要学习雷锋,以及如何学习雷锋、发扬自我奉献精神等问题。最后,3 位主讲嘉宾先后做了总结,他们都认为理论深度还可以继续探讨,但实践已是刻不容缓,大家都应该为社会的和谐、温暖做一份贡献。通过那场活动,与会读者都深深被社会正能量所感染。他们都觉得图书馆应多举办一些类似的活动,以弘扬社会正能量。

弘毅读书会活动——“雷锋精神与价值观”

图:2011 年 10 月,在辛亥革命 100 周年的时候,您曾与杭州图书馆、杭州少年儿童图书馆合作开展一系列读书活动,您做这些活动的初衷是什么?

谌:2011 年是辛亥革命 100 周年,11 月 4 日是杭州光复 100 周年纪念日,浙江是辛亥革命的策源地之一。从宣传社会变革到建立革命团体,从策划浙皖起义到浙江光复,大批仁人志士积极投身于革命,浙江的光复有力地推动了全国革命形势的高涨,为辛亥革命的胜利做出了不可磨灭的贡献。为了让学生了解浙江这一段艰苦卓绝却又意义非凡的革命岁月,培养青少年热爱家乡、热爱人民的高尚情操,激发青少年的社会责任感和历史使命感,浙江省中小学文学社联合会、杭州少年儿童图书馆、《钱江晚报》小记者团联合举办"听爷爷讲光复杭州的故事"——纪念辛亥革命 100 周年暨杭州光复 100 周年主题活动。我们先是在杭州图书馆观看电影《辛亥革命》,普及历史知识;然后邀请著名作家薛家柱先生(他的家族中有六位成员参加过辛亥革命,为光复杭州、攻克南京做出过重要贡献)、裘燕江先生(尹维峻之孙。尹曾是光复杭州、攻克南京立下赫赫战功的女子敢死队队长,被孙中山誉为"浙江女英雄",后被任命为"总统府顾问")讲故事,让孩子们深入了解辛亥革命的历史意义,从而更加热爱自己的家乡,更加珍惜今天的幸福生活。

图:您与公共图书馆还有哪些合作活动? 能否详细谈谈?

谌:还有很多。比如,2012 年适值雷锋同志逝世 50 周年,我组织发起"当好公民,做活雷锋"——我们的微公益行动,启动仪式于 3 月 3 日下午在浙江图书馆举行,由浙江省中小学文学社联合会与浙江省图书馆主办。著名作家黄亚洲、学习雷锋标兵刘德全、杭州雷锋纪念馆馆长马水泉围绕"雷锋的故事"与读者进行了互动。学军小学的小朋友们为嘉宾们佩戴了由杭州雷锋纪念馆赠送的雷锋纪念章。浙江大学的博士陈汉聪建议,学雷锋要常态化,多开展一些微公益活动,多写写身边的活雷锋。杭州师范大学图书馆馆长赵志毅认为,如今是多元化社会,把学习雷锋精神与做一个好公民相结合,特别有实际意义……这个活动将学习雷锋与公民教育结合起来,具有现实意义,符合时代精神;将学雷锋活动常态化,培养公民的社会责任感,有助于公序良俗的形成。因为图书馆的读者来自各行各业,辐射面广,在图书馆举办这类活动,影响深远,有望更多的"陈贤妹""吴菊萍"等"最美人物"的涌现!

图:今后还有与杭州图书馆(或其他公共图书馆)合作开展活动的计划吗?

谌:杭州图书馆作为"平民图书馆,市民大书房"这样一个公益性的社会机构,它既为社会大众创建了一个学习、阅读、交流、休闲的公共空间,又搭建起一个新事物、新信息、新知识、新理念推广和展示的平台,因此,我希望与杭州图书馆的合作会是一个长期的过程。特别是在我负责浙江自然之友这个组织之后,这种愿望更为迫切。浙江自然之友前身为自然之友浙江小组，秉持自然之友的理念，“建设公众参与环境保护的平台，让环境保护的意识深入人心并转化成自觉的行动”，并遵从创会会长梁从诫先生倡导的“真心实意，身体力行”核心价值观，多年来一直在致力于浙江环境保护的倡导和行动。根据自然之友的愿景和使命，结合浙江的实际和优势，浙江自然之友正在巩固成果，扩大影响，搭建平台，转化行动，成为枢纽型、服务型绿色公益支持机构，希望集结更多热爱自然的朋友，共建绿色家园。这与杭州图书馆一直倡导的“平民图书馆，市民大书房”在精神上十分契合。以后，我们也许可以和杭州图书馆合办绿色家园项目：绿色文化沙龙、绿色公益联盟、绿色希望行动，同时还可以把自然学校放在杭州图书馆。

（执笔：朱峻薇）

让童年溢满书香

田田妈，女，1981年出生，江西人。2003年毕业于西南科技大学，现从事金融工作。热爱阅读，有了女儿后尤其重视亲子阅读。2011年10月发起“三叶草故事家族(杭州站)”的建设，先后参与组织和策划30余次户外故事会，跟随着孩子的脚步，定期走进幼儿园和小学讲故事。最大的心愿是：希望每一个孩子都拥有一个有故事的童年，让童年溢满书香。

受访者：田田妈(以下简称“田”)

采访地点：杭州图书馆文献服务与出版部

图：您从小就喜欢读书吗？

田：是的。我在学生时代就十分热爱阅读，但后来由于工作繁忙，看书的时间渐渐少了。自从怀孕后，生活的重心发生了变化，我开始看一些育儿方面的书籍，特别喜欢阅读孙瑞雪(儿童教育专家，中国第一所蒙特梭利国际学校创办人)、李跃儿(著名儿童教育专家)的作品。在女儿出生以后，我开始关注亲子阅读。

图：听说您女儿才小学一年级，因为自小耳濡目染，也喜爱阅读和画画，已阅读过1000余册绘本书，您是如何培养女儿的阅读兴趣的？您在亲子共读方面有什么感悟和建议？

田：在女儿很小的时候，我就有意识培养她的阅读兴趣和习惯。记得那时她才六七个月，因为怕她撕坏图书，所以我不去图书馆借书，只给她买布书和洗澡书。布书撕不坏，洗澡书不怕水，放在水里还会变色。她可以拿一本边洗澡边玩弄，我边给她洗澡边哼哼书里的儿歌，“一条鱼，水里游，孤孤单单直发愁……”在她两三岁时，我给她买了大量这类的玩具书。当时并没有期望让她从书中学到什么，只是想让她把书当作是一种玩具，从小习惯书的存在，并从此爱上书籍。很多家长在孩子上学前，会安排孩子参加各种各样的培训班，比如识字、算数、跳舞、画画等。但我没有这样做，只是让她看看绘本书，绘本书整页儿乎都是图画，她在认真看画时就学会了琢磨故事，学会自己组织语言。我想，如果让孩子过早学会看字，那么她一定会忽略看图，错过看图的时机是很可惜的，因为看图有利于培养孩子的观察力。我女儿虽然没有经过任何培训，但画画很好。她和她的同学不一样，几乎是一片空白地走进学校，刚开始那些学前经过识字算数培训的孩子比她学得容易，可没多久她便赶上同学，而且后来居上，在一年级上学期期末还被评上三好学生。

很多家长认为看绘本书只是孩子的事情，我个人认为，家长也需要接触这类书，可以在绘本中找到童真，让浮躁的心变得安宁和简单。

孩子到现在已经看完1000余册绘本。每次我都让她自己选书，她记性很好，书房里有哪些书记得很清楚。我们每天会抽出半个小时读故事，有时候还会即兴角色扮演，这样让孩子加深对故事的记忆并且消化故事内涵。她每天睡觉前都要看两本书，因为做作业慢，我就用可以多看一本书的方法来刺激她提高做作业的速度。

田田妈和她的宝贝小田田

图：关于亲子阅读，您能给家长提些建议吗？

田：1. 不要让孩子带着功利心去阅读，相反把看书当作一种游戏，这样看起书来比较轻松和容易吸收。

2. 要坚持阅读，无论家长和孩子都要坚持看书，把看书当作一种习惯。工作再忙每天也要抽出半小时与孩子共读。

3. 要全心全意陪同孩子阅读,很多家长以为自己一边玩手机一边让孩子看书就很好了,其实这种方法作用不大。家长需要与孩子共读,一起交流阅读心得。

图:您是“三叶草故事家族(杭州站)”的牵头人,能否介绍一下您加入“三叶草”的经历?您对“三叶草”志愿工作和杭州市民的阅读活动有什么展望?

田:2008年,深圳几位爱好阅读的妈妈们创办了“三叶草故事家族”,他们有着共同的阅读理念,想通过交流分享传播阅读种子,影响身边的其他家长。三叶草是一种随处可见的草,它的三片叶子有如三颗星星,在“三叶草故事家族”,它们分别代表“爱心、童心、慧心”。“童心”寓意世界是美好的,“爱心”提醒孩子对社会要有责任,“慧心”是要增长孩子们的智慧,它们代表的是“三叶草”的活动宗旨。这是一个非营利性的民间组织,没有经费没有收入,所有的活动都是大家自发组织,自己承担经费的。全国“三叶草”成员有两三万。2009年,因为女儿喜欢画画,我就加入深圳一个画画机构的QQ群,群内一个家长是“三叶草”的理事,于是我开始了解到有这么一个推进亲子阅读的组织。2010年,我正式加入“三叶草”组织,成为“三叶草”杭州故事家族的站长。目前“三叶草”在全国有31个站点,我们每周开一次QQ会议,交流各地的活动开展情况、遇到的困难等,大家相互吸取经验,并彼此鼓励。

现在杭州站有十几个骨干“故事妈妈”,以前都是在户外组织读书活动,城西的森林公园,就是我们特别爱去的地方。2014年1月开始在杭州图书馆儿童区域开展亲子阅读活动,每月1次。每次读书活动结束之后,我们往往会安排一些手工劳动,用来调节孩子们的情绪,所有的手工材料都由组织者自己提供,活动通过网站报名参加。每年的活动都有一个主题,2013年主题是“民间故事游西湖”,我们带着孩子到断桥观光,向他们讲述《白蛇传》的故事;安排孩子们寻找桥栏上有多少只石狮子,以此加深孩子们对断桥的印象;组织他们去岳庙,为他们介绍岳飞的经历,并让他们去找一些代表性的照片,如岳母刻字,经史表图等,打算据此做成图文并茂的绘本书《民族英雄岳飞》,让孩子们对岳飞的生平事迹有个系统的了解。活动结束前大家还拉起手围着“精忠柏”唱起了《满江红》……

总之,我们做的亲子阅读活动从形式到内容都比较立体,能加深孩子们的记忆。

做公益活动,一天或几天比较容易,但要长久坚持很难,就像雷锋做好事一样。这些公益活动我已经做了三处,我想我会坚持下去的。社会上很多人都想做公益活动,但不了解有“三叶草”这么一个好平台,我期望有更多人通过我们的活动了解并加入到“三叶草”,壮大传播队伍。

孩子们在听田田妈讲绘本故事

图：您爱人从事企业高管工作，一定比较忙，难以照顾到家庭和孩子，您自己也有工作，您是如何处理工作、家庭和阅读推广活动三者的关系？阅读推广是一个漫长和艰巨的工作，会遇到人力、宣传和资金等方面的困难，您和“三叶草故事家族”的志愿者们是如何树立信心克服困难的？

田：我很感谢我婆婆，她几乎包揽了家里所有家务，而对于孩子教育，她完全赞成“听妈妈的”。我和老公除了工作以外就是和孩子一起，给她讲故事，和她一起聊天。考虑到人的精力毕竟有限，所以我在单位尽量选择压力不大的岗位，这样才有精力照顾到孩子。在阅读推广的过程中，也曾遇到许多困难，全靠我们成员之间的相互鼓励才得以坚持到今天。比如有一次“民间故事游西湖”主题的活动，报名的人很多，来的人很少，我当时情绪非常低落，就打电话给天天妈，天天妈坚定地激励我：“即使只来一个人，也要坚持做下去！”所以那天人虽少，活动依然很成功，我们都很投入，因为我们知道，始终有人关注着亲子阅读，由少及多，就能给营造全社会阅读氛围带来帮助。

图：您怎么想到在杭州图书馆开展亲子阅读推广活动？您如何看待“三叶草”和图书馆深度合作的前景？

田：因为家住城西，所以到杭州图书馆借书并不是太多，更不了解图书馆承担着阅读推广活动的义务，所以原先没有想到与图书馆合作。2012 年和 2013 年杭州图书馆（由文献借阅中心承办）与多家单位合作举办了两届的杭州市小学生绘本表演大赛，地点都在图书馆的报告厅内，其中有一个参演学生的家长觉得报告厅的表演条件很好，把这个信息告诉了我，于是我就到图书馆洽谈合作。文献借阅中心相关人员对我提出的合作意愿非常支持，于是在2014年年初我们合作举办了“三叶草”（杭州站）绘本故事表演初赛和决赛的活动。今年我们在筹划举办“故事妈妈”培训班，即向社会招募愿意学习、掌握讲故事技巧并将技巧运用于公益活动的女性读者，通过系统培训成为“故事妈妈”，并安排到社区、学校或图书馆基层服务点给大家讲故事，综合受益人群数量、服务时间和效果对“故事妈妈”进行星级评定。目前我们合作得非常顺利，我相信一定会越来越好的，“三叶草”的阅读理念会借助图书馆的平台得到广泛传播。

图：三叶草阅读推广活动在深圳起步，您去深圳参加过三叶草的会议，您是否去过深圳图书馆？您对深圳图书馆与杭州图书馆的最深印象分别是什么？

田：深圳图书馆我去过，他们的阅读推广活动也做得相当不错。杭州图书馆硬件条件很好，阅读环境很好，每张卡借阅量为20册，但很多读者不会利用这么好的公共资源，这样就更需要我们阅读推广人做好宣传和引导工作了。

（执笔：何妨）

用镜头阅读生活

石战杰,河南洛阳人。2010年毕业于南京师范大学,获摄影与媒体艺术硕士学位。现为浙江传媒学院摄影系教师,主要研究摄影与媒体传播。

自2012年9月至今,他利用业余时间担任杭州图书馆的公益摄影教师。每周一次的公益课,石老师要穿过半个杭州城,从杭州东部的下沙赶到钱江新城。为保证上课的质量,以及不同学员群体对摄影知识的不同需求,每次一个半小时的课常常要花去他一天甚至更多时间去精心准备。学员们对摄影的热情与执着,给了石战杰莫大的动力。他说:“让更多人提升对影像文化的认识与理解,让摄影文化渗透到生活中,使生活更美好,这是一件快乐而有意义的事。”尽管他平时很忙,但图书馆的公益培训,他会一直坚持下去。

受访者:石战杰(以下简称“石”)

采访地点:杭州图书馆社会文化活动部

图:怎么萌生来杭州图书馆做公益老师的念头的?是什么让您坚持了下来?

石:2010年硕士毕业后,朋友邀请我来杭州,并带我到杭州图书馆参观、拍摄。第一时间我就喜欢上杭州图书馆。如果问我为什么选择在杭州落户,杭州拥有这么好的一个图书馆正是让我决定留下的原因之一。

作为一名摄影专业的大学教师,我基于以下3点迈出了尝试公益教学的第一步:

1. 在当前图像和影像时代,关于摄影的价值和意义,关于图像的阅读,大多数人的理解还不是太充分,甚至偏颇。作为一个专业影像工作者,我想做些力所能及的事,提高他们的公共意识,提升他们对影像的阅读、理解与创造的能力。

2. 我一直挺关心“三公建筑”——即公共图书馆、公共美术馆、公共博物馆,这些公共空间的建设与发展,与国民的素质和生活品质都有很大的关系。尤其是图书馆,我每到一地必去拍摄,现在已经有许多公共建筑的照片。相对来说国人的公共意识、公民意识较淡薄,我想从自己一点一滴开始,做点公共的事,也谈不上影响别人。

3. 因为摄影专业的关系,我会关注国内外的摄影公益基金机构组织,发现国外这块发展相对成熟，国内的公益摄影基金尚在起步阶段。关于公益，无论是国人的观念，还是公益机构的设置、管理等都还有很大的提升空间。正因为关注到这些，刚好杭州图书馆有这么一个公益培训的平台，需要摄影教师，我也就从杭州图书馆开始身体力行，虽然说，每次课几乎要穿过半个城，而且面对年龄、水平都参差不齐的学员更是要花一天甚至更多时间去准备素材，但能以摄影为切入口，让他人的生活更美好，我很快乐。我想这就是我的初衷和坚持的理由。

石战杰细心地指导学员摄影

图：刚才您说想通过公益培训，提升公众对影像的阅读、理解与创造的能力，那么您对摄影爱好者有什么具体的建议？

石：首先，多看摄影类书籍，夯实理论基础。摄影基础类的书籍目前市场上很多、很繁杂，动不动就是厚厚的一大本两大本，让人望而生畏。从 2013 年开始，我着手编写了一本《摄影技术与艺术》（名字暂定），把我多年以来的实践教学经验做了一个梳理，用尽可能通俗的、简明的方式普及摄影基础理论，突出实用性和操作性，目前已交付清华大学出版社。

其次，多读有关艺术、社会、历史的作品。我在课堂上反复强调和渗透一个理念：摄影不单是纯影像，纯技术活，摄影有其更丰富的可能性，它不仅能反映当下生活，还能承载和体现历史价值与社会价值。很多初学者总是一厢情愿地把中国传统绘画的艺术标准嫁接到摄影上，认为拍得美的东西即是好作品，其实不然，摄影更应成为社会的工具、行为的工具、历史的工具。没有思想深度的摄影作品，只能是单薄的、空洞的，缺少内涵和生命力的。

如何让我们的摄影变得有思想有深度呢？艺术、社会和历史方面的相关阅读是必不可少的，这样的阅读对于摄影的整体提升功不可没。无论多忙，我都会挤出时间阅读许多相关书籍，丰富自己的知识和文化储备。

图：真不容易啊！作为一名大学教师，您的教学、科研任务都很重，您是怎么分配时间的？能分享一下您这方面经验和读书体会吗？

石：没有整段的时间看，就片段式阅读，有时坐车也看，睡前也看，上厕所时也看。《老照片》这种杂志类的就翻着看，有关基础摄影的书也是跳跃着读，而一些有深度的文化类作品就慢慢去啃，去品味。比如，常备的枕边书籍是散文类的，像周国平、余秋雨的书我几乎整套整套地购买，认识的人都说我是他们的粉丝。余秋雨的书，颇具文字功底，有对地理、历史的感悟，有嚼头，周国平的文字则更具思想性，有他对人生的理解。他们俩合起来，便是对人生对世界的较为完整的感悟。俗话说得好，读万卷书，行万里路。在如今这个快节奏的时代，通过阅读来拓宽视野，加深对世界的理解，是个非常好的习惯。只有丰富了自我，你的摄影镜头才能捕捉到和别人不一样的东西，你的视角、高度也就不一般。我平均一周至少会精读一本书，这样算下来一年大概 50 本左右。另外再加上一些期刊，还有几十本。

图：更喜欢自己买书，还是到图书馆借阅？

石：我很爱买书，如与摄影研究有关的书籍，以及周国平、余秋雨、陈丹青、白岩松等人写的一些畅销书。我也爱借书，特别是摄影作品集和画册，价格昂贵，一般去图书馆借阅。杭州图书馆和浙江传媒学院图书馆里就有很多摄影类书籍，特别是杭州图书馆，一次可借 20 本，非常方便。

图：您在杭州图书馆公益授课一年多了，作为大学院校的专业教师，感觉一定有很多不一样的地方吧？

石：对，因为学习对象的不同，所以指导的方向和重点也不同。对在校生更多的是思路的指导，而在图书馆授课情况就复杂多了——学员年龄大的 70 多岁，小的 27、28 岁，参差不齐，基础水平差异也很大，更多的是技术层面的指导，以及经典摄影作品的鉴赏，这些照片蕴含着摄影师独特的思维方式和技术处理手段，是提高眼界的最好渠道。同时我还会把自己的作品作为上课课件的重要部分，除了做照片本身的色彩、后期的裁剪等理论分析，还跟他们一起分享很多照片背后的故事和情感。

图：培训过程中有您印象深刻或引以为豪的事吗？

石：我比较欣慰的是，学员们的认识层次正在循序渐进地提高。有个学员来自萧山，为了听我的课，特意调成夜班。班上还有好几个学员也是路途遥远，但总是风雨无阻，每课必到。他们对摄影的热情与执着很令人感动。

班上有一个插班学员，现在已经是《都市快报》"快拍网"的签约摄影师了，目前正在以我为题材拍摄一组反映新杭州人的照片，通过对我工作、生活、娱乐的影像记录，以我为点，折射新杭州人的生活方式和状态。我觉得学员们能以摄影为手段关注社会、关注生活，这一点挺好的。

摄影爱好者们用镜头留住大自然的美

图：作为杭州图书馆的一名忠实读者和朋友，您对图书馆今后的发展有何希望和寄语？

石：如今的图书馆和过去相比有很大变化，我觉得主要体现在两大方面：一是硬件环境的变化，一是理念的变化（这更重要）。现在的图书馆不仅是借书和阅读的空间，也是学习、交流、展示等多功能公共空间。每一位工作人员和来到图书馆的人都要共同营造一个美好的精神公共空间，期待图书馆成为更多人的心灵家园！

图：给大家推荐几本书吧，简单说说您的推荐理由。

石：我推荐周国平的4本书。

1.《守望的距离》。书中有很多对于人生难题的思考，诸如生与死、爱与孤独、执着与超脱、苦难与幸福等，这些问题是每一个热爱人生但又难免遭遇挫折的人都会面临的。

2.《安静》。作者为自己的心灵保留一个自由安静的空间，一种内在的从容和悠闲，让读者也随之处于一种超脱了世俗的浮躁的状态，从而对现实、对自己的生存有了一个更为深刻的认识，内心也得到了升华。

3.《善良 丰富 高贵》。在本书中，作者一方面继续他对人生理想、两性情感的探讨，另一方面开始更密切地关注现实。

4.《各自的朝圣路》。一个个不同的朝圣者，他们走在各自的朝圣路上。不管世风如何浮躁，朝圣者依然存在。每个人正是靠自己孤独的追求汇入人类精神大海的，只要你的确走在自己的朝圣路上，你就并不孤独。

（执笔：叶丹）

我是你的“眼”

黄宝辉，女，1973年出生。硕士，副教授，高级营销师，中国民主促进会会员，中国服务经济研究中心访问学者，浙江旅游职业学院旅行社管理系教师，省级精品课程《旅行社经营管理》的主讲教师，国家职业教育“十二五规划教材”《旅游线路设计实务》主编，《导游概论》《旅行社经营管理》副主编。2013年8月开始，她带领浙江旅游职业学院励睿旅游策划工作室的学生，在杭州市旅游委员会人教处、杭州市盲人协会的支持下，与杭州图书馆音乐分馆合作开展“听心”盲人影院活动，为“文化助残”倾心倾力。

受访者：黄宝辉（以下简称“黄”）

采访地点：杭州图书馆文献服务与出版部

图：黄老师，听说您为残障人士，特别是盲人朋友做了许多事，我们很好奇，您怎么想到开展“听心”盲人影院系列活动？怎么想到与杭州图书馆合作？

黄：盲人朋友他们此生与光明无缘，不得不永远生活在黑暗之中。他们无法用眼睛感受生命的靓丽和世界的精彩，只能用耳朵感知世界，用手指触摸生活。他们的活动范围与行动能力也很有限，连独立生活都成了很大的问题。很多盲人朋友因为生理的局限，内心也痛苦茫然。

每每看到盲人拄着拐杖在熙熙攘攘的人流中摸索着，艰难独行，我总是感到一阵揪心。我能为他们做点什么？这世界很精彩，他们又如何感受？

于是，我就想到了电影。电影是生活的浓缩，集艺术与娱乐于一身。他们无法用眼睛看，可以用耳朵听，用心感受。把电影中的一切场景、细节都用准确生动的语言描述出来，为他们还原一个光明的世界，让他们融入精彩的生活，这正是我要做的事！于是就有了“听心”盲人影院的诞生。这个项目专为杭州市盲人提供无障碍电影服务——在不破坏电影原貌的基础上，用比较准确、恰当、精练的语言把画面解说清楚，让看不到画面的盲人通过讲解来理解影片所要表达的内容。

然而，“听心”盲人影院的活动场地设在哪里呢？又如何把分散各地的盲人朋友召集到一起呢？

事有凑巧。2013 年 6 月 8 日，民进浙江旅游职业学院支部成立，杭州图书馆专题文献中心主任、民进省委委员吴一舟代表民进省委参加成立大会。休息时间，我说起想做“盲人听电影”的活动，希望找到合适的合作单位。吴主任马上说可以跟杭州图书馆音乐分馆合作。于是，他帮我联系到杭州图书馆音乐分馆主任张蕾，张主任对我的设想很感兴趣，她也很想为残疾人朋友多做一些事情，正好音乐分馆又是杭州市无障碍视听基地，我们俩“一拍即合”，与杭州图书馆的系列合作就这样开始了。

其实，杭州图书馆吸引我的不仅仅是吴一舟主任与张蕾主任的热心与爱心，还有杭州图书馆的环境氛围。在此之前，我也是杭州图书馆的一名忠实读者，经常借阅一些我喜欢看的文学、经济、管理、营销类的书籍，还参加过杭州图书馆的一些文化活动，如文学讲座、读书沙龙等。我觉得，杭州图书馆的设施先进，环境幽雅，文化气息很浓厚，而且一直在踏踏实实地做着公益事业，很有社会责任感，是杭州文化的一张名片。与杭州图书馆合作开展文化公益事业，也是我一直以来的心愿。

“听心”盲人影院在杭州图书馆音乐分馆落成

图：在开展“听心”盲人影院活动的过程中，您是不是遇到了许多困难？

黄：那是肯定的！由于盲人的行动局限，他们的生活直径一般不超过 20 米，组织盲人活动，需要大量的志愿者。还有，召集盲人存在种种困难，仅有图书馆提供支持还是不够的。其实，“听心”盲人影院是多个机构合作、联动的结果，杭州图书馆为我们提供了影片、场地、爱心午餐；杭州市盲人协会帮忙联络招募盲人朋友；浙江旅游学院励睿旅游策划工作室组织策划，并派出学生志愿者导盲；杭州市金牌导游品质服务队派出“金牌导游”，进行精彩讲解；杭州市旅委、千岛湖旅委、华语之声网络广播电台、义乌迪源服饰有限公司、浙江森林旅行社为每个参加活动的盲人朋友提供精美纪念品，给他们留下美好、温馨的记忆……特别让我感动的是杭州图书馆工作人员的工作热情：音乐分馆的张蕾主任仪态端庄、举止优雅、富有爱心，让人印象特别深刻，每次盲人听电影活动，她都尽量抽出时间亲自参加，休息时与盲人朋友拉拉家常，热情洋溢地向我们转述她对一些盲人朋友的美好回忆和深刻印象；图书馆工作人员陈夏，态度温和、讲解专业、服务到位，比如为盲人朋友调试音响设备这样的细节，她都力求尽善尽美。浙江旅游职业学院励睿旅游策划工作室的同学们，在每一场“听心盲人影院”活动中辛勤付出——他们除做好常规的活动方案策划、现场服务、人员统筹管理、场地协调等工作外，还特别制定了《志愿服务须知》和《首映式及会后旅游行车线路图》，从方方面面为到场的盲人朋友提供周到细致的服务。在这里，我还要感谢民进浙江旅游职业学院支部、民进省直第三联合支部的大力支持。

图：到现在为止，已经做了几场“听心”盲人影院活动？效果如何？在这些活动中，有什么让您印象特别深刻的事吗？

黄：到 2014 年 9 月 27 日为止，“听心”盲人影院服务了杭州主城区及余杭区、萧山区 220 人次的盲人听众，在杭州图书馆音乐分馆、余杭区图书馆、萧山区图书馆、桐庐县图书馆放映了《听风者》《致青春》《画皮》《中国合伙人》《人在囧途之泰囧》《警察故事 2013》《幸福来敲门》《全民目击》《私人订制》《窃听风云》10 部电影，浙江旅游职业学院励睿旅游策划工作室派遣了 70 人次的学生志愿者组织策划了放映活动，杭州市旅委人教处派遣了潘伊玫、吴娜佳、李德煜、诸鸣、刘峰、俞莉娜、迟铁林、施兴琴 8 位杭州市“金牌导游”为盲人听众做全程电影讲解。精彩的讲解、贴心的服务、电影文化的魅力，“听心”盲人影院在杭州盲人朋友当中口耳相传，知名度和美誉度越来越高。杭州市盲协主席黄月萍告诉记者，到“听心”盲人影院听电影已经成为杭城盲人的共同向往，欣赏过影片的盲人在聚会的时候，还对电影的片段以及“金牌导游”的讲解津津乐道。

我们也很快乐，就像张蕾主任所说的：“杭州市图书馆音乐分馆是盲人视听基地，‘听心’盲人影院作为音乐分馆举办的‘总有一种声音打动你’系列活动之一，主要是希望盲人朋友们能与健全人一样享受业余文化生活。视力残疾者在社会生活中本是不受重视的小众群体，杭州图书馆如果能为他们提供一个平台，帮助他们融入社会、享受周末生活，那真是太好了！我觉得这是很有意义的善举。”

“金牌导游”在为盲人朋友进行精彩讲解

在活动过程中，让我印象深刻的事情太多了！

在“听心”盲人影院活动中，我们离不开杭州图书馆提供的场地和热情服务，也离不开“金牌导游”和学生志愿者的无私奉献。每场活动下来，“金牌导游”的嗓子都不堪重负，但没有一个喊累。学生志愿者做的事更烦琐：在活动开始前，他们便在车站等候，迎接各位盲人朋友，并将他们引领至图书馆一楼大厅休息；在所有盲人朋友到齐后，便带领他们进入二楼的音乐分馆，正式开始欣赏影片；“观影”期间，志愿者们一直陪护左右，积极为盲人朋友送水，细心地带他们穿过曲折的过道，领他们去卫生间，并耐心等候，小心送回；电影结束后，便带领众盲友乘坐电梯前往地下餐厅就餐，在此之前，已有几名志愿者前去打好饭菜，等盲人朋友一到，便可直接就餐，盲友用餐期间，志愿者们积极为他们夹菜添饭，努力为他们营造愉快、温馨的用餐环境；等所有盲友用完餐，志愿者们便小心翼翼地领着他们去车站，目送他们安全离去……

每次活动，我都记得盲人朋友快乐的笑容，更记得“金牌导游”的动情讲解，以及图书馆工作人员与学生志愿者的细致而周到的服务。

“听心”盲人影院，实在是众多爱心人士共同努力、集体奉献的结果！

“听心”盲人影院余杭区专场

图:除了“听心”盲人影院,想过与图书馆的进一步合作吗?

黄:是的!我们都期待能为更多的盲人朋友服务。我希望能与杭州图书馆合作开展内容形式更为丰富的助残活动,比如在盲人欣赏影片之余,增加音乐鉴赏和曲艺表演内容,并尝试组织“听心”盲友影评交流会、听友联谊会、盲人与大师面对面、盲人与金牌导游面对面……还有,可以把“听心”盲人影院的活动录制成音频,让不能来参加的盲人朋友都能分享。盲人由于先天的缺陷,他们比常人更渴望与他人交流,渴望得到这个社会的肯定。记得去年我们给浙江省盲人学校放映《狮子王》,那些盲童特别让我心疼。他们非常欢迎我们的到来,听影片也听得格外用心。他们做啥事都很认真,有意走得很快,不想让我们看出他们与其他人有何不同。盲校一向有传统工艺制作教学,后来,有一个孩子用盲文纸做了一个花瓶给我,还有一个做了一个小天鹅送我,真是惟妙惟肖,我不明说的话,谁都想不到那些竟是盲童的作品……他们尽一切努力,就是为了让自己能与普通人一样,就是为了能让别人一视同仁。作为我们,怎能忍心不拉他们一把?所以,点亮他们的心灯,开启他们的心智,实在是我们迫切要做的事。只要我们做得多了,影响广了,我们多少能给他们黑暗的世界带来一丝丝光亮。我相信,星星之火,可以燎原。所以,让更多的盲人受益,正是我一直所努力的。还有,杭州图书馆的"平民图书馆"理念让我很欣赏,我希望以后的活动能针对更多的残障人士,而不仅仅是盲人。我也希望能在杭州图书馆开展一系列体验"行为障碍"的活动,特别是针对正常的小读者,让孩子们体验行为障碍,会让他们更加体会到健康的重要,生命的可贵,从而也使他们更懂得关爱残疾人。

志愿者为盲人朋友提供周到服务

其实每个人离行为障碍都很近,疾病、灾祸,都有可能把一个正常人瞬间变成行为障碍者。每个人都经历过婴儿时期的弱小,也都将要经历年老时的软弱与无助,这些都是行为障碍。很多人突然面对行为障碍时会感到孤独、恐惧,甚至惶惶不可终日,但生命是如此强大,求生的本能,对美好生活的渴望,能驱使他们突破残障,突破一次,生命的境界就提升了一层。只要我们好好加以引导,让他们感觉到来自社会的温暖与祝福,他们将勇气倍增地活下去。

我想借助杭州图书馆这个公共文化交流平台,为世界观、人生观、价值观正在形成阶段的中小学生,为自强不息的残障人士,提供形式丰富的讲座、沙龙、行为体验,努力消除正常人与残疾人的隔阂,让这个社会真正成为和谐的大家庭。

(执笔:朱峻薇)

心底有灯自然明

夏正林,男,1948年出生,祖籍江苏苏州。1968年毕业于苏州铁道师范学院,同年到杭州铁路中学任教。36岁时因视网膜萎缩致盲,他并没有因此消沉,反而积极投入到残疾人公益事业中,连续三届任浙江省盲协主席、杭州市盲协主席。他阅历丰富,知识面广,有较高的理论水平和较强的组织能力,更有为广大盲人奉献爱心的精神,曾深入山区、海岛的盲人家庭调查研究,多次向相关部门提出为盲人解决实际困难的合理建议。多次参加省人大、政协会议的旁听,并递交提案为残疾人事业呼吁。2007年他还作为特邀代表,参加了亚太地区盲人同盟第三次代表大会。他善于运用社会化工作手段,挖掘社会资源,解决盲人的生活及子女上学困难等问题,善于利用社会和残联两个平台,宣传残疾人事业……由于热忱为残疾人服务,成绩显著,事迹突出,2010年6月,被国务院残疾人工作委员会授予“全国残疾人先进个人”的称号。

夏老从小热爱阅读,即使双目失明,依然用手用心“阅读”文化艺术,“阅读”社会与人生。杭州图书馆举办的大型盲人公益活动他几乎一场不落地参与;曾在国际盲人节、国际残疾人日等重要节日和浙江省图书馆、杭州图书馆等单位合作开展“送戏下乡”“游西湖品诗歌”、浙江盲人阅读推广倡议等活动;还经受过“牵手相助,触摸母亲河,穿越腾格里——盲人徒步沙漠行”的考验……他常集合社会力量呼吁盲人朋友多读书、读好书,激励他们在阅读中实现人生的价值。

阳春三月,一个春光明媚的午后,夏老在妻子的帮忙下来到杭州图书馆音乐分馆。已经65岁的他,看上去容光焕发、神采奕奕,失明的痛苦根本没在他的身上留下任何痕迹。

受访者:夏正林(以下简称“夏”)
采访地点:杭州图书馆音乐分馆

图:夏老您好!能否简单介绍一下您的经历?

夏:我22岁从杭州铁路师范大学毕业,在杭州市铁路中学担任语文老师兼政治老师。由于用眼过度,加上原本就高度近视,视网膜慢慢开始萎缩,在36岁那年彻底失明。失明后，我不得不从讲台上退下来。由于不甘被命运所屈，我自学了盲文，学习了推拿、按摩技能，取得了技师上岗资格证，做了杭州铁路分局党委老干部部的一名推拿按摩师，平日里就为离退休老干部推拿、按摩。

成为盲人后才真正体会到盲人的生活实在不易。在学习推拿按摩期间，和其他盲人接触多了，发现他们文化水平普遍较低，也更多地体会到他们的痛苦，我开始琢磨为他们做点什么。后来，我想到给盲人“扫盲”——通过自己所学到的盲文知识，利用业余时间为盲人朋友开设盲人学堂。那时我白天当学徒、晚上当老师，生活虽然辛苦，却十分充实快乐。为了让盲人朋友有更多的学习教材，我还将之前在学校里教过的语文教材改编成盲文教材。渐渐地我的盲人学生越来越多，这事也引起了单位领导的重视，还得到盲协的大力支持。

图：听说您很热爱阅读，您一定也很爱去图书馆吧？

夏：是的，我和图书馆很有缘分。我从小就酷爱阅读，那个年代时兴的书籍我一本也不落下。读中学的时候，为了能多看书、看不同种类的书、看只有老师才能看的书，我甚至还成了一名图书管理员。后来上班了，我就常去杭州图书馆看书、借书。当时杭州图书馆还是在青年路上，面积不大，馆舍、员工、设备、理念和如今的根本无法比，现在的读者能够有这么好的一个学习环境真是太幸福了。

图：您在担任浙江省盲协主席期间曾多次与杭州图书馆等单位合作开展“送戏下乡”“游西湖品诗歌”“浙江省盲人阅读推广倡议”等活动，能说说具体内容吗？

夏：盲人的业余生活很单调，他们渴望能有更多的机会接触、了解这个美丽的世界，为此，我们也借助社会资源，特别是杭州图书馆的力量，积极组织相关活动，丰富他们的生活。2012 年 5 月 14 日开展的“游西湖品诗歌”是针对盲人朋友的一次创新活动，当天 13 名盲人读者在志愿者的指引下游览西湖，用手摸读挂在树枝上打印成盲文的优美诗歌，朗读西湖的诗情画意。这种独特的阅读形式令他们感到十分新奇，很多盲人朋友至今还记忆犹新。

2012 年国际盲人节，浙江省、杭州市盲人协会，浙江省残疾人福利基金会，浙江省昆剧团共同举办“送戏下乡”活动——到丽水各乡镇慰问演出，深受农村群众的喜爱。来观看演出的有丽水周边各乡镇的残疾人，以及丽水特教学校的学生们，场面十分热烈。让我最感动的是一对 70 多岁的盲人夫妻，为了不错过这次演出，他们早上 6 点钟就带着两个馒头出门了，然后乘坐了两个多小时的乡村公交，又走了一个小时的路才来到这里，原本下午 1 点半才开始的活动，他们 12 点就赶到了现场。当时我们所有的工作人员被他们感动了，邀请老人一起共用午餐，这也让他们倍感温馨。

通过这些活动，我们把盲人组织起来，鼓励盲人走出家庭，走进社会，更好地参与社会生活。这些活动引起了社会的广泛关注，引起国内外媒体的关注，新闻报道也是络绎不绝。现在盲人朋友都十分积极地参与我们组织的活动。

夏正林在“听心”盲人影院活动现场

图：杭州图书馆开展了很多针对残障人士的服务，您对哪项服务印象最深？

夏：是“听心”盲人影院。视力残疾者的生活本来就单调乏味，如何让他们黑暗的生活多一些丰富的色彩正是现在很多志愿者努力的方向。这点，杭州图书馆音乐分馆的无障碍活动就做得很好。在这些活动中，图书馆不光做好大量的前期策划、翻译、联络等准备工作，而且活动开展的整个过程都体现了优质、温馨的服务。

第一期“听心”盲人影院活动我就参加了，感觉非常好。活动当天上午6点多，旅游学校的志愿者们就跟随大巴前往相关区县的残联，将盲人朋友接到杭州图书馆，又有图书馆的志愿者引导盲人来到杭州图书馆二楼音乐分馆。观影结束后，图书馆还为盲人朋友精心准备工作餐。当天，主办方还为盲人读者提供免费游览杭州景点的服务，并向他们赠送了小礼物。这些贴心的服务让不能目睹五彩世界的盲人朋友倍感温暖。一些没能参与的盲人朋友还打电话向我抱怨，说自己错过这样的好活动十分可惜呢。

图:自 2011 年 8 月 17 日杭州图书馆音乐分馆被授予杭州首批“残疾人无障碍视听体验基地”以来,开展了 20 场各种形式的残疾人无障碍视听活动,参加活动的残疾朋友有 5000 多人次,特别是无障碍电影让许多盲人朋友享受到不一样的“视听”乐趣,对这些活动,您觉得哪些方面做得比较好?哪些方面还有待改进?

夏:在 2011 年 8 月杭州图书馆音乐分馆被授予杭州首批“残疾人无障碍视听体验基地”(以下简称“基地”)之前,我们就已经成功合作过多次活动,得到残疾朋友的普遍肯定和赞赏。“基地”的第一场活动我就参加过,当时我们看的是《建党伟业》,现场解说的是知名电台主持人雷鸣和王卓,他们的解说让盲人朋友如临其境,十分过瘾。“观影”现场,盲人朋友之间互动、交流的气氛很热烈。对他们中的许多人来说,这是他们第一次如此完整地“看”一部电影。

“无障碍电影”不同于早期的“电影录音剪辑”,“电影录音剪辑”没有现场感,只是录音的集合,让人感觉残缺。“无障碍电影”的出现让盲人朋友“眼前一亮”,主持人精彩的现场讲解,让盲人“看”得更完整、更过瘾。这些,都是图书馆工作者设身处地地为盲人朋友思虑谋划的结果。

不过“无障碍电影”对现场讲解的主持人要求很高,他们要揣摩残疾朋友的心理,比如哪些镜头是需要解说的?怎样解说才能让他们更易理解?在这里,我要感谢那些为我们辛勤付出的无障碍电影的讲解者以及其他志愿者们,谢谢他们为盲人朋友的辛勤付出!

后来,杭州市残联还为杭州图书馆的音乐分馆捐赠了 25 部无障碍电影。随着这项活动的深入开展,到目前为止,杭州市区及其周边区县的盲人朋友基本上都体验了“无障碍电影”,并给他们带来了极大乐趣。我希望“残疾人无障碍视听体验基地”能使更多的盲人朋友受益。

图:您曾参加了杭州图书馆举办的盲人雕塑展的开幕式,现场展出了许多盲人雕塑家的精彩作品,您也当场发表了激动人心的讲话,能说说您当时的心情与感想吗?

夏:大多数盲人都认为雕塑是高雅艺术,只能仰望不能触摸,而城市雕塑大多数都摆放在橱窗里摸不着,所以大多盲人朋友对雕塑是没有任何概念的。

2013 年 10 月,国际盲人节前期,浙江美术学院教授李秀勤在杭州图书馆举办为期半个多月的“触觉 · 凹凸”雕塑展览,让盲人朋友触摸雕塑,了解雕塑,从而热爱雕塑,热爱文化。

20 年前,李秀勤就在浙江美术学院图书馆举行了“触觉 · 凹凸”雕塑展,当时我也参加了。当听说李秀勤要和杭州图书馆合作再次举办“触觉·凹凸”雕塑展,我非常高兴,还为展览写了序言,出席了开幕式并做了演讲。能有这么多朋友一直关心着盲人群体,这不能不让人感动!8位参加过当年展览的盲童在开幕式当天也来到了现场,他们用双手触摸“观”展,并献上自己亲手创作的雕塑。展览现场还播放了他们如今的日常生活以及做雕塑时的视频记录。这些雕塑作品最大的特点就是有着明显的凹凸感,并且每件作品上都有盲人能够辨认的触点。

图:您除了积极参与我们图书馆组织的相关活动,还参加了很多富有挑战性的活动,能与我们分享一下吗?

夏:我对自己一生的经历挺满足的,生活虽然让我有缺陷,但我的日子却过得比正常人更加充实、幸福。记忆最深的还是2012年9月我参加的“牵手相助,触摸母亲河,穿越腾格里——盲人徒步沙漠行”活动,当时共有30余名盲人朋友在志愿者的引领下参加了活动。我们从海市蜃楼景观区出发,沿着经典路线前行,在沙漠中穿行,经过5公里的跋涉才到达终点。对于盲人来说,行走在平路上都要旁人帮助,更何况是在沙漠中行走!通过这次艰难的跋涉,我不仅亲身感受了腾格里沙漠独特的自然风光,磨炼了克服困难的意志,还深深地感悟到大自然的灵韵和生命的美好。

此外,我还去过香港、广州、深圳、北京等地方,坐过飞机、高铁、轮船,品尝过海水、触摸过沙漠。

图:夏老师真是阅历丰富,“见识”广泛!结合您的这些活动经验,您对杭州图书馆的读者服务工作,特别是对残疾人服务工作有何看法?

夏:杭州图书馆的很多新闻报道我都有关注。应该说杭州图书馆的办馆理念、服务工作都是走在全国先列的,杭州图书馆不拒乞丐入内的举措引起了社会的广泛关注,被读者称为“史上最温暖图书馆”。杭州图书馆在富阳还有一个盲文图书馆,盲文图书馆不管是硬件设施,还是软件配备都十分完善,我经常去,那儿的工作人员十分热情、周到,有几次还为找不到之前预约盲文书籍的盲人联系我们,让我们帮忙寻找,他们的细致、耐心感动了我。和杭州图书馆合作过好多次都十分愉快,对你们的服务我们都很满意。

杭州图书馆的无障碍活动起点就比较高,活动也已经形成一定的规模,我觉得今后可以更多地开展创新服务,如送戏、送影到基层。首先,因为残疾人出行不便,组织一次活动不仅在人员、经济等方面有特别的要求,安全也是个大问题,送到家门口的服务那是最好不过的;其次,杭州图书馆可以加强对视障群体的数字信息服务,现在,越来越多的读者倾向于从网络上获取所需信息,很多盲人读者也是如此;再次,我们还要加大宣传力度,寻求

夏正林与志愿者合影

社会支持，更好地为残疾人群体服务。通过残疾人文化服务活动，使残疾人积极参与到各类相关的康复、教育文化活动中来。同时，能让更多健全人了解残疾人，理解残疾人，并投身到为残疾人服务的事业中来。杭州图书馆的很多理念已经走在同行前列，我相信杭州图书馆会越来越好，无论是健全人还是残疾人，无论是普通人还是拾荒者，都可以在这里找到自己想要的东西、学到自己想学的知识。

（执笔：陈夏）

请到图书馆来换技能、交朋友

朱雅婷,女,1989 年出生,杭州人。2011 年毕业于温州大学,现就职于杭州蓝狮子文化创意有限公司。杭州技能交换群群主,经常组织群友进行各类技能交换活动。2013 年 5 月开始和杭州图书馆生活主题分馆合作,在图书馆开展各类技能交换活动。

受访者:朱雅婷(以下简称“朱”)

采访地点:杭州图书馆生活主题分馆

图:您是怎么想到组织“技能交换”这么一个群?这和您的工作有关联吗?

朱:我是一名财经编辑,几乎每天都和文字打交道,我的工作本来和建立“技能交换”这个群没有特别大的关联。但是我这个人好奇心强,兴趣广泛,我喜欢摄影、写作、吉他,但都不精不专。我想让自己学到更多,或者认识一些兴趣爱好相近的人,但总是找不到特别好的渠道。有一天,一位年轻的女同事问我说:“我想用英语去交换另一门语言,你觉得这个做法靠谱吗?”她的想法启发了我,这就是“技能交换”呀,挺好的啊!

与以往的实物交换不同,“技能交换”就是人们根据兴趣结伴互助——技能交换者只需要拿出一种技能,与别人交换,就可学到自己想要的本领。人们称之为“绿色的学习方法”。作为一种自我增值的途径,它可以增强人们的学习能力,提高自身价值;作为一种情感交流的方式,它拓宽了人们交流的途径。技能交换是一件具有积极意义的事,但是否能落到实处呢,我想试试。于是,我立刻在豆瓣网站搭建了一个活动页面,没想到报名的人还挺多,这让我信心大增。

我觉得,组织这样一个群,搭建这样一个平台是一件非常有意义的事,我从中认识了许多有趣的人。他们有的分享知识,有的交换技能,有的一起来上课,既学习本领也结交朋友,既实现自我增值又丰富情感交流,挺理想的一种生活学习状态。

图:能介绍一下技能交换群的活动状况吗?

朱:技能交换群是 2013 年 1 月建立的,基本上每两周一次活动,内容不限,有关于户外运动的经验交流，关于美食的分享，关于咖啡文化的追溯……活动地点有时在学校，有时在咖啡吧，有时在户外，现场氛围都非常好。为了吸引更多的人加入到这个队伍中来，除豆瓣活动外，我们又建立了 QQ 群，创立了公众微信 hz-jnjh，2013 年 6 月和杭州图书馆生活主题分馆合作进行了第一次推广活动，更多的人开始关注我们的技能交换群和公众微信了。目前为止，已经组织活动 50 余场，现在每个月至少有 3 次活动，主题涉及面越来越广，如电影、园艺、手绘……这过程中我们也培养了一些相对固定的分享人，并且有固定的分享场地，活动规模也越来越大了。

图：为什么会选择在杭州图书馆开展活动？图书馆这个平台对您的群活动有什么影响？

朱：2013 年杭州图书馆生活主题分馆开馆之际，其“让市民更多地参与到生活体验中来”的读者活动定位深深地吸引了我，如果一个普通人能站上图书馆的公共分享平台，把自己的学习心得、生活经验、各种心情和更多的人进行面对面的交流分享，这样的活动会很有意义。互联网时代，人们更热衷于分享，用流行话说：“分享是件很酷的事！”于是，我与图书馆相关工作人员进行了商谈，由于技能交换群的活动宗旨与杭州图书馆生活主题分馆的发展理念非常契合，所以“一拍即合”，我们立即就定下了活动合作方案。

在杭州图书馆生活主题分馆组织的第一场活动是园艺话题：如何种植多肉植物？主讲嘉宾是群里的成员菜菜，也是我的好朋友，她准备得很充分，图书馆前期的宣传组织工作也做得非常到位，当天的活动还吸引了很多普通市民，活动效果非常不错。

“技能交换”活动现场

和图书馆合作后，技能交换活动更频繁了，也更有规律了。活动现场气氛热烈，激发了越来越多的人加入到分享的队伍中来。看到这么多人彼此真诚分享知识和技能，我感到很欣慰。因为交换，我们掌握了更多的技能；因为交流，我们敞开心扉变得更加包容。感谢图书馆为普通市民搭建了一个平等、开放、和谐的交流平台，使分享的力量可以传递得更深更远，甚至惠及每个普通人身上。

图：在技能交换的过程中，在与图书馆的合作中，有什么特别令您难忘的人和事吗？

朱：有很多！印象特别深刻的就是杭州图书馆生活主题分馆的陆芸，她在一次偶然的机会加入了我们技能交换群，参加了我们在浙江大学做的一场思维导图的活动，然后我们就聊开了。她很热心，说我们可以到杭州图书馆试试。当时杭州图书馆生活主题分馆还没有装修好，我们就在钱江新城的杭州图书馆做了几次，效果很好。后来她把我介绍给生活主题分馆的王伟智主任，王主任雷厉风行，同我聊了许多关于达人分享的事，与生活主题分馆的合作事项也马上确定下来。馆里的工作人员都很辛苦，特别是与我搭档的陆芸，每天乐呵呵地跑上跑下，帮助准备材料，分发材料，聊聊活动的细节，特别操心。

每次分享会最积极的就是年长的阿姨们和可爱的小朋友们。阿姨们听课非常认真，很多阿姨还会带着笔记本来认真记录呢。小朋友们一般都跟他们的爸爸妈妈一起来，上课时特别会提问题，他们的问题也特别天真有趣。图书馆的工作人员也特别好学，从保安到保洁的阿姨，也对分享的内容很感兴趣呢，这种全民学习的氛围很让我感动。

菜菜手把手地教读者种植多肉植物

图:通过合作,您对图书馆是否有了不同以往的感觉?

朱:是的。图书馆不是一个让人感到拘谨的地方,而是一个开放的、让人身心放松的公共场所。它是阅读、交流和体验的公共平台,是传递文化、分享智慧的地方。这里不是高大上的舞台,却是普通市民展示才艺、交流思想的好去处。任何人都可在馆内分享、交友,在体验中更好地理解书本内涵。

图书馆的服务群体非常广泛,我希望能与图书馆一起,做一个招募分享人的活动。愿意分享的人越多,这个群体的力量就越大,受众面就越广,其价值就越能得以体现。

(执笔:张红霞)

禅味人生

道法法师,男,俗名宋道发,1968年出生,安徽颍上人。2001年6月毕业于复旦大学,浙江工商大学人文学院哲学系原主任,2012年于富阳天钟禅院出家为僧。偶然一次走进杭州图书馆佛学分馆,从此与之结下深缘,自2012年10月开始,每个月的最后一个周六,道法法师都会应邀来到佛学分馆讲学。从一开始的“听佛教故事 品禅味人生”到现在的“佛教心理学”,很多读者都一场不落地听了下来,法师和读者渐渐熟悉。如果双方都到得早的话,就会先聊一会儿,叙叙家常,说说烦恼。这时,佛学馆给人的感觉就像是家里的一个大书房,温暖而轻松。

受访者:道法法师(以下简称“道法”)

采访地点:杭州图书馆佛学分馆

图:您原是一个大学老师,还是哲学系主任,是如何与佛结缘直至出家的?

道法:我原来就沉迷气功,喜欢道教哲学。为了寻求更丰富的理论来指导自己的气功修炼,1995年我考上复旦大学哲学系,继续深造。但是当时复旦大学哲学系没有道教哲学专业,于是就改读了佛教哲学,可以说与佛教的缘分是撞上的。通过学习,很快发现当时修炼气功的很多原理和方法都源自佛教。从此在佛教哲学领域安心学习,一口气读完硕士、博士及博士后。对我而言,佛教提供了一个非常系统的修行程序,满足了我多方面的需求,如对修炼的渴望,对哲理探求的渴望……佛教的修行原理最为精深!

图:您是如何同杭州图书馆佛学分馆结缘的?

道法:2012年5月,杭州图书馆佛学分馆试开馆,我偶然经过,那儿安静幽雅的环境,热心和善的工作人员给我留下了深刻印象。佛学分馆的金燕主任邀请我对佛学分馆图书采购提一些意见和建议,我建议在经费允许的情况下,尽量考虑到读者的多层次、多方面的需求,不仅要采购研究所需的如《大藏经》等大型丛书和学术著作等,也要采购一定量的佛教或佛学普及读物,以满足社会大众的实际需求。后来,金主任向我询问关于佛学馆的服务方式与发展方向问题，于是，我想到了做一些佛学讲座及佛学文化沙龙，金主任深表赞同。我先是为读者讲述了一些浅显的佛教故事，后来，针对现代人的浮躁情绪，就想从佛学历史、文化方面，做一些有关“心灵环保”的讲座，因此慢慢转到“佛教心理学”。现在，我已经是杭州图书馆佛学分馆的老朋友啦，许多读者也是！

图：杭州图书馆佛学分馆的工作人员与读者对您都非常敬仰，您花了很多时间在图书馆吗？

道法：不错，我是心系佛学分馆，几乎把杭州图书馆佛学分馆当家了。诸多杭州市民对佛法或佛学知识充满渴求，正因如此，每次在做讲座时，需要调动一切的佛学知识储备，以应对各种各样的提问。对于我们出家人来说，宣扬佛教文化是我们分内之事，但真正要把这个事做好非常不易，需要学习和掌握佛学以及与之相关的多种专门知识，还需要有甘当铺路石、热心为大众服务的奉献精神，还要悉心培养年轻僧才。

图：听说您在杭州图书馆佛学分馆做了许多讲座，请问讲座的主要内容是什么？

道法：讲座的主题之一是“听佛教故事 品禅味人生”，以讲述佛教故事的形式，结合自身专业素养和修行体会，向大众传播佛教的基本知识。主题之二是“心病还需心药医之佛教心理学漫谈”，以四川大学陈兵教授《佛教心理学》一书为主要理论依据，结合多年研究体会，向大众宣说佛教心理学的基本知识。

杭州图书馆佛学分馆的“天竺书香”沙龙活动

图:听众大多是年纪较大的佛教徒吧?

道法:不,都是杭州图书馆佛学分馆的普通读者,各行各业的都有,尤以年轻人居多。他们大多与佛有缘。因为生活文化背景的不同,他们的问题总是千奇百怪,有佛教与科学的关系,佛教的理论知识,也有生活中的烦恼……

图:听说讲座的互动问答总是最精彩的,这与您深厚的学术背景,幽默而又浅显的表述分不开啊!您为何选择杭州图书馆佛学分馆作为您弘扬佛教文化的主讲场所?这儿有什么特殊的地方吗?

道法:确切地说,与其说是选择,不如说是缘分。既然有这么一个公共平台,能在这儿为大众提供佛学方面的资讯,与大家交流学习的心得体会,是很快乐的事。这儿最为特殊的一点,就是杭州图书馆佛学分馆处于杭州佛教文化的心脏地带(天竺路),就全国来说,肯定是“独此一家,别无分号”,这也决定了杭州图书馆佛学分馆在全国同类图书馆中的独特地位。即使将来类似的佛学分馆在全国遍地开花,恐怕哪一家也不会有杭州图书馆佛学分馆这样得天独厚的自然环境和厚重的佛教文化氛围。

图:您到佛学分馆,最喜欢看哪些书?

道法:就我个人来说,主要看《大藏经》,因为我是一个佛学研究者。此外,考虑到应大众之需,也要尽可能多地掌握佛学知识。对社会大众而言,佛教文化艺术类、佛教知识普及类以及劝善类(不一定是佛教的,也包括儒、道两家的)可能会更有意义,因为现在中国文化断层很严重,这些书可能最能满足一般人的需要吧。

图:听说您曾为杭州图书馆佛学分馆捐了很珍贵的书?能说说具体情况吗?

道法:其实也没有什么,主要是《佛祖统纪校注》(上、中、下)和《观世音菩萨普门品示现图》两套。前一套是我自己的著作;后一套是有一次外出讲课时拒收主办方的课时费,主办方把寺院中这套珍贵的书送给我,我捐给了佛学分馆作为馆藏。

图:您在杭州图书馆佛学分馆做了许多很有意义的活动,在这些活动中,您印象最深的是什么?

道法:印象最深的是做讲座时听众的专心听讲,与我以前在大学上课全然不同,听众提问之踊跃、所提问题之具挑战性、讲罢将散时的依依不舍,都让人难忘。佛学分馆给我提供了一个现成的课堂,在这里,我既是主讲者,也是学习者,从听众的提问和反馈中,我不断发现自己的不足和今后要努力的方向,忠实听众(算粉丝吧)的期待是我修学的巨大推动力,这个对我影响特别大。被人需要是幸福的,但也是有压力的,因为人的需要会不断提高。

道法法师讲述“心”的染净、迷悟和真妄

图:以您的角度看,佛学分馆可以发挥什么功能?产生什么影响?具体地说,能为大众做些什么?

道法:主要是储存佛学文献、宣扬佛学文化。佛学分馆作为一个场所来说空间是有限的,因为讲座有限,来的读者也有限,但示范效应是无限的。佛学文化的发扬光大可以丰富大众的文化生活、精神生活,人们通过阅读佛学的文献和参加佛学讲座,激发自身的正能量,使心智更健全、精神更振奋。

具体而言,佛学分馆能做的很多。第一,佛学资讯,包括普及性佛学图书资讯和最新、最全的全球性佛学资讯。前者可根据读者的借阅情况组织相关的读书会,或根据以往讲座互动环节中读者的提问搜集组织相关的话题讨论会等。后者,可以按照佛学文化的发展方向宣讲相关内容,比如佛教与科学的关系,以及佛教中关于探索心灵奥秘、开发潜在心灵力量、调节心理等相关内容。可以相应地邀请研究佛教的科学工作者以及有道行的瑜伽师、太极拳师、禅师来给读者介绍佛学文化的最新研究成果,指导如何进行精神上的修炼。吸引更多专家、学者及普通百姓的到来,使佛学图书馆成为一个适合各个层次人员进行佛教文化交流的平台。第二,学术讲座,包括读者自发建立的学习组织和引导性的宣讲,引导群众崇尚科学,树立文明、健康、向上的生活新风尚。第三,举办一些其他形式的活动,如各种佛学文化展览,组织读者走出去交流参观等。

不断吸引读者来读书、来参观、来听讲座、来参加佛学沙龙活动,不断让佛教文化资源利益大众、影响大众，这是佛学图书馆的职责所在。我想，杭州图书馆建立佛学分馆的本意，更多的是要寻找佛教与杭州这座城市发展的关系，寻找佛教与杭州老百姓生活风俗形成的关系。让佛教文化资源利益大众，是图书馆与佛家弟子共同的愿望。我们把世界三大宗教中最古老的佛教文化，在国内发扬光大，可以丰富大众的文化生活、精神生活，这也是建设文化强国的应有举措，甚至能产生国际影响，可以提高国家文化软实力。具体有以下 3 个方面的意义：

1. 振奋精神。佛学图书馆就有如源源不断产生正能量的精神电厂，不断通过这些资源，使潜力得到最大限度的开发，让身体更健康。

2. 民族振兴。佛学文化资源能激发起人们积极进取的精神，以极具创造性的劳动成果为国家做贡献。民族振兴首先是民族精神的振兴、民族心理的健康。佛学文化在民族精神振兴、民族心理健康方面的作用，是有目共睹的。

3. 人民幸福。历史上，佛法往往是人们在乱世，生命朝不保夕的状态下，给人们提供精神慰藉的一种宗教力量。盛世时则成为人们身上的美玉，可以给人添光彩。佛教和中国固有的文化已经水乳交融，不可分割。挖掘佛学的宝藏，让它为人民的幸福发挥建设性的作用，这也是佛学图书馆的主要功能之一。

要吸引越来越多的读者到佛学分馆来借阅和参加各种文化活动，更要不断扩大影响，带动全国的佛学图书馆事业，为建设文化强国做出应有的贡献。

（执笔：沈少英）

书法让我们学会关照内心

金鑫,男,杭州人。原为浙江广播电视大学老师,后投身房地产,现在从事投资行业。他觉得能够在不同的人生阶段尝试不同的职业是非常好的经历,能从工作中获得诸多乐趣。他热心佛学,积极参加杭州图书馆佛学分馆举办的各种讲座、沙龙活动,是佛学分馆书画沙龙成员中最勤奋、进步最快的学员之一。

受访者:金鑫(以下简称“金”)

采访地点:杭州图书馆佛学分馆

图:您是如何与佛学馆结缘的?

金:我本来就喜欢看书,而且有个习惯,每到一个城市,就会去当地的图书馆、美术馆和博物馆看看,透过这几个场馆能直接感受这个城市的文化脉络,文化气息的浓郁是一个城市吸引我的最主要因素。我生活在杭州,以前经常去浣纱路的杭州图书馆,大学路的浙江图书馆……后来搬迁到钱江新城的杭州图书馆新馆虽然路途远些,也经常去看书、借书。女儿从小就跟着我去泡图书馆,现在很习惯在学校图书馆看书,假期里基本在杭州图书馆和浙江图书馆两个图书馆里看书学习。

2013 年 4 月 24 日下午,有位朋友带我来到位于上天竺附近的杭州图书馆佛学分馆,佛学分馆隐居在青山翠竹之中,环境幽静,学习气氛舒适。这天是周三,佛学分馆每周三举办书画沙龙活动。在图书馆陈硕老师的指导和带领下,读者在一起学习书法,那场面甚是热闹。我以前也一直想学书法。当初在做老师的时候,因为板书不够漂亮,讲课比赛经常只能拿二等奖。由于那时候工作忙,心也静不下来,所以,虽然想学,但一直没有付诸实施。现在好多年过去了,想学书法的初衷没有改变,同时,随着年龄的增长,对中国文化的喜爱尤其迫切,特别是佛学图书馆书画沙龙的热闹场景和良好氛围深深触动了我,当即决定:从今天开始认真学习书法!我记得非常清楚,由于下周三是五一节放假,故我第一次正式参加书画沙龙是 2013 年 5 月 8 日上午,之后几乎每周三必到。

图:书画沙龙是一个纯公益性的活动,它有哪些地方吸引您?

金:一是氛围特别好。参加书画沙龙的都是热爱书法、追求生活品质的一群人,大家没有任何功利性的目的,纯粹因为相同的爱好定期相聚在一起,写写字、聊聊天,感觉很好。书法对于陶冶情操,提高自己各方面的修养都起到很大的作用。二是工作人员的服务非常好。从金燕馆长、陈硕老师到工作人员沈少英,到保安、保洁人员都对前来参加书画沙龙的读者真诚欢迎和热情服务。到这里来写字,还能享受到各种时令水果和干点,有些是金馆长等图书馆工作人员自己准备和带来的,有些是在这里写字看书的读者自己带来分享的。所以,在这儿,往往中秋还未到,月饼我们已经吃过了;西瓜还未大量上市,我们已经品尝了;谁如果还未吃早饭,说不准书友的玉米正好满足你的口福。书友们自己还不定期地自发举办一些活动,如包饺子、品茶、读书会、交流近期心得等,在这儿看书学习确实很快乐。佛学图书馆就是一个小世界,一个大家庭,图书馆工作人员为大家做各种事情,毫无怨言,非常亲切,没有任何功利之心。来到这里的任何人,首先是感叹这里清幽的环境,其次是羡慕这里和谐、快乐的气氛。因此,来参加书画沙龙的读者队伍也越来越壮大,我刚来时只有十来个人,现在两排桌子都坐得满满的了。

杭州图书馆佛学分馆的书画沙龙活动

图:您在这学习过程中,感觉有收获吗?

金:有!一是书法技艺的日益见长。书画沙龙里有书法、画画、篆刻等课程,从2013年5月到现在,我一直以学习书法为主。在陈硕老师的悉心指导下,我先学习写篆书,先后学习了王福厂的《说文解字部首》、吴让之的《吴均帖》、邓石如的书帖;从今年开始学写隶书，先后临了《石门颂》和《乙瑛碑》，自我感觉进步挺大的——要知道，我在书法方面是零基础起步，现在已经写得挺像那么一回事了，这怎能不让人高兴啊！其实我也很想学篆刻，但精力不够，而且篆刻也是以书法为基础的，所以目前只专心练习书法。二是能使自己置身于浮躁的社会之外，还自己一片宁静，去关照自己的内心所向。

以前，经常听人讲写书法能够让人心静下来，总以为言过其实，现在看来确实如此。写字必须是心静下来才能进行的，对此我深有体会，如果心不静，根本没有办法写字，即使勉强写出来连自己也看不顺眼。甚至，有时专注写字时，忽然有个电话进来，再接下去写，与前面的字就完全不一样了。字如其人，字如其心。文字不仅能反映书写者的个性，还能反映此人此时此刻的心情和心境。由此，我现在经常会去看些名人手札，因为名人书法作品往往是为创作而创作，虽有鲜明的书法个性和艺术特点，但很难表现当时创作的心境，只有手札才是此人此时此景的最真实、最完整、最艺术的体现。我现在才明白为什么王羲之的《兰亭序》是第一行书，颜真卿的《祭侄稿》是第二行书，苏轼的《寒食帖》是第三行书，这些全是随性创作的手稿啊，期间还有许多涂涂改改，初看如草稿的，文字也不都工整划一，但中国的书法讲究和强调的就是字如其心、字如其境啊！真是不学书法无意知真谛啊，只有学习了才能真正领会源远流长的中国书法对人的心灵的触动和证悟。

同时，练习书法是一个沉浸在自己的世界，安定心性的过程。自从学习书法后，我几乎把所有的业余时间都花在练习写字上，往往一写就是一个下午，一个整天，时间过地飞快，似乎什么事情都未做，但内心却很充实。以前只有在看一部好书时会有这样的感觉，但那是很久很久以前的事了。写字又让我找回了这样的感觉，生活很充实，内心很安定。坦率地说，我不求书艺能达到很深的造诣，有这样的心境就非常满足了。

说到这里，真的不得不感谢杭州图书馆佛学分馆！

图：这么说，您是我们佛学分馆的常客了。您在馆里遇到过让您印象特别深刻的人与事吗？

金：杭州图书馆佛学分馆以佛学方面的书籍为主要馆藏，它是面向大众的专业图书馆，让我深感佛学的浩瀚与博大精深。佛学分馆里有一群热心、热情、善良、专业的工作人员，他们热心图书馆事业，热爱中国文化、佛教文化，并愿意为此而无私奉献，这让我很感动。像金燕主任，她把佛学图书馆打理得像家一样温馨；像沈少英，每次活动，总是跑前跑后为我们整理现场、拍照、忙得不亦乐乎……再举几件小事为例吧：书法指导老师陈硕，有非常好的人文修养和扎实的艺术功底，为人和善，总是很耐心地教导沙龙成员怎样用笔，怎样安排章法和布局等。除每次认真指导我们书法写作外，还会组织一些专业的讲座和活动，他已经完整地讲授了印章的历史和不同时期的风格；经常组织一些名书画家来现场给我们指导创作;带领我们去观摩各种书法展览和摩崖石刻等。沈少英女士很重视阅读、写字的环境,养护花草、制作盆景,想方设法把书架搞得很有文艺气息,极其普通的花花草草在她的手下就成了一道靓丽的风景,使我们每次来写字都置身于美丽的环境中;同时,她几乎每次活动都端着重重的专业相机,记录下我们的快乐和进步,以及平时的姿态神色,到年终,把照片拿出来,我们每每大吃一惊,原来这一年的活动场景还有这么丰富的变化,如果不是她的细心记录,我们还真不曾留意。还有,这里的保安和保洁人员一大早就把卫生搞好,毛毡铺好,开水烧好,开窗通风,使我们一进入就心情舒畅,可以精神抖擞地开始书法和篆刻学习了。修学佛法特别需要奉献精神,杭州能有如此专业的佛学图书馆,以及如此敬业的工作人员,这是热爱佛学的市民的福分。

图:看得出来,您很热爱佛学,能谈谈您与佛学的渊源吗?

金:我个人学佛、受佛法的感悟已有 8 年时间。8 年前,我的人生有许多烦恼,无法排解,偶然一次机会,我看了南怀瑾先生的《金刚经说什么》,忽然就有恍然大悟的感觉。因为当时刚从房地产公司出来,要做事而不知怎么去做,工作生活都到了转折时期。看了南老的书后,觉得所有问题都有了答案,心情豁然开朗,做事就有了明确的目标和方法了。接着我又把南怀瑾先生其他的书都看了,感觉他对中国古代文化思想的贡献特别大,尤其是他对佛经的讲解,读者特别容易理解和进入。所以平时有空就念《心经》《金刚经》,尤其是《金刚经》。我觉得释迦牟尼佛非常非常伟大,他并不是如有些人所迷信的那样,是个法力无边至高无上的神,而是非常有智慧,非常慈悲的真实存在过的人,他并不愿意信徒去迷信他,而是真诚希望信徒自己去解脱去成就。这与以前认识的佛教完全不同,由此也开始对佛教有了新的认识,觉得佛教不仅仅是宗教,而是佛学,更是修行。

图:听说您很爱阅读,除了佛学方面的书之外,您还会选择看些什么书?对公共图书馆的服务您有什么意见和建议吗?

金:我以前看书目的性很明确,都是围绕工作需要来读书。现在则偏好书法、艺术(尤其是中国古代艺术和艺术品)、佛经、传记等相关书籍。这些宝贵的书完全对我打开了书法以及中国从古至今的文化艺术知识宝库,书看得越多,越觉得以前的自己很肤浅。

现在的公共图书馆藏书都挺丰富,服务形式和内容也越来越丰富。特别是杭州图书馆,这些年的变化发展我是亲眼看见的。从过去浣纱馆路老馆以借书、看书为主,到现在钱江新城杭州图书馆新馆的文化综合体,再增设佛学分馆的专业服务,图书馆的管理手段、服务方式日新月异,与时俱进,与这些变化相比,自己的变化反而跟不上。如果一定要给个建议的话，我想说的是，因为常去图书馆借书、看书，发现书架上有些非常好的书都没人去翻阅，这一点非常可惜。所以，怎样把资源推荐给读者，把能用的资源都充分利用起来，我觉得图书馆人可以做一个细致深入的探究。

（执笔：沈少英）

人生交契，必先同调

王用钧，80 岁，山东枣庄人。杭州市志有载，其父王鼎新，是渡江南下解放杭州的将领，之后，响应国家号召，解甲归田，重返故里。王用钧是王鼎新的小儿子，20 世纪 50 年代作为被推荐的工农兵大学生，入读杭州大学中文系。本科毕业后，先后在市文化局、市文物公司、市新华书店等单位任职，直至光荣退休。

对于很多杭州的文化老人而言，杭州图书馆是他们非常钟爱的一个“年轻朋友”。

1969 年，杭州图书馆挂牌落成，荷尖初露。对文化心存渴求的人们，便满心欢喜地把见仁里小院认定为那个时代里，城内最是岁月静好、文化偏安的去处：可以调素琴阅金经，谈笑亦鸿儒，往来有白丁。人们看着杭州图书馆搬出见仁里去了浣纱路，搬出浣纱路去了钱江新城，从孤零零的馆舍壮大成了星罗棋布的网格。这个杭州文化滋养出来的孩子，一步一个脚印地越走越快，行向高远。

岁月流逝的速度，相对于实体机构来说，它作用到个体的人时就实在是快了太多。那些与杭州图书馆共同成长、相携前行的人们，现在多是年逾古稀。老人们对杭州图书馆所怀的感情中有深深的认同，更有上一辈对下一辈的喜欢与依赖。杭州图书馆对于他们来说，既是一个承载着往昔欢笑的空间，更是一个值得寄予终生理想的平台。

本次采访对象王用钧先生，便是其中一位。他今年 80 岁，60 岁前一直奋斗在文化战线，60 岁后则将心力投注于杭州图书馆，在维系与丰富杭州图书馆“老字辈”人文人脉上做了非常多的工作。褚树青馆长赞许他为“杭州图书馆与杭州文化名人之间的桥梁”，而他自己说：这是再一次自我实现的过程。

受访者：王用钧（以下简称“王”）
采访地点：杭州图书馆专题文献中心

图：杭州图书馆创建至今，您可算得上是它的亲见亲闻亲历者。能不能说说给您印象深刻的杭州图书馆往事？

王：“三亲”算不上，但说起来确实都是很亲切的。我在文化系统工作了一辈子，退休之前的十多年里一直在新华书店，跟图书馆主要是业务上的往来。但真正地走进杭州图书馆，还是在退休之后。当时，杭州图书馆浣纱馆已建成，见仁里旧址改作了古籍部，我家正好在这两处中间位置，常来常往，十分便利。

也就是在那个时候，经由杭州图书馆介绍，我加入了杭州徽学研究会，并接触到了黄宾虹书画研究会。20 世纪 80 年代中期开始，全国各地掀起地方文化及文献的研究热潮，在杭的徽州人如市政协副主席江敦厚、许克定等有声望的人发起筹建了杭州徽学研究会，志在推动徽商与杭州发展的研究。此后，为了加强对徽派书画的弘扬，专门又成立了黄宾虹书画研究会。这是两个民间文化团体，杭州图书馆现在的馆长褚树青还是当时的古籍部主任，从一开始就是其中坚力量。当然，那会儿他真的非常年轻。也因为树青这层关系，徽学会与黄学会的办公地点都挂在了杭州图书馆。

我是差不多到 24 岁，才作为工农兵大学生从枣庄到杭州来读书的，这之前几乎是个文盲。虽然读了杭州大学中文系，之后又在文化系统，但其实一直没有时间真正沉下来把东西吸收进去。徽学会和黄学会所研究的领域，对于我来说更是完全陌生。但学会的活动很多，我跟他们去徽州“捡漏”，看他们泼墨画山水，听他们讲传承讲沿革，慢慢地我懂了，同时也发自内心地投入到学会工作中去。也因此，我不再是杭州图书馆的前任业务伙伴，也不仅仅是热心读者或者活动参与者，倒更觉得自己是杭州图书馆的工作人员了，在此拥有了一份可能将与自己相伴终老的美好事业。

其实，像我一样，在杭州图书馆里收获人生夕阳红的老人挺多的。就说说叶少珊吧，一个比我老的老头。叶少珊是黄宾虹的关门弟子，此生贫寒，但因为对宾师的无限热爱，70 岁与同道人共同创设徽学会与黄学会，并因德高望重被推选为双会的副会长。我与他便是在杭州图书馆认识的。

20 世纪 90 年代初时，叶所居住的太庙巷老屋拆迁，只能临时寄居在青年路东平巷一座老宅的一楼。因为是楼中楼，所以房间狭小逼仄，终日没有阳光。此时叶的身体已经很弱，再加上无法看书画画，只能枯坐家中，身体更为不适。百般无奈时，他找到了学会里的年轻人——褚树青，请求杭州图书馆古籍部给他一个台子画画写字。古籍部真诚地接纳了他，把二楼朝南的房间腾了出来，并准备好了画桌与绒布。就这样，叶少珊天天来图书馆画画。有时候，我来见仁里看书办事，就会看见他站在阳台上晒太阳，或者兴致勃勃地拉着馆员们给他的画作提意见。正是在这里，这位耄耋老人完成了《黄宾虹传艺录》《新安画苑》两书的撰写，也正是在这期间，他在浙江美院举办了“叶少珊国画展”。画届泰斗王伯敏观展毕，书赠“得宾师之神”条幅。

我想，如果没有杭州图书馆这样的平等、开放与包容，许多如我们这般的老头子大概又会是一种别样的晚年了吧。

王用钧与杭州文化人士合影

前排:孙晓泉　后排左起:薛家柱、郁重今、陈洁行、王用钧

图:但这些故事并没有成为过往,其实您只是起了个头。到了钱江新城馆后,这些民间文脉不仅跟过来了,而且也得到了壮大。

王:对的。2008 年,杭州图书馆搬迁到钱江新城后,整个格局都有了极大提升,不管是建筑规模还是社会声誉。但我还是说说我们这些老头子的事儿吧。

2007 年,杭州图书馆创办了《文澜》杂志。2008 年,我开始协助杂志做组稿和校对工作。《文澜》的定位一个是地方文化,一个是国学万象,稿源最初主要依托于杭州图书馆这 50 多年来积淀的人脉资源。我拿到创刊号的时候就被震惊了,大开本的宣纸线装本,图片还都是彩印的。我身边的朋友,但凡是收到的,都爱不释手,没有收到但听说了的,就一定会托人讨要。因为它是内部准印,是只赠不卖的。我太喜欢这个刊物了,所以自告奋勇提出希望能为它做点什么。树青馆长也是对我信任,欣然应允。此后,我几乎是无论去哪里,都会随身带一本《文澜》,以书会友,广结文缘。再加上杭州图书馆的推动,我发现,《文澜》很快就成为杭州文史界的生力军,并在书画圈子里也小有名声。

2009 年年底的时候,《文澜》做了个小型的新春答谢会。时隔 5 年,会场上的细节记忆犹新,历历在目。那天是 12 月 20 日,当 93 岁的孙晓泉在他小女儿陪同下进入会场时,

95岁的宋宝罗马上站起来,与他握手问候。两位老友互致问候:“老化啦!我们俩已经成为国家的包袱!”孙老是1949年南下解放杭州的干部,1958年出任杭州市文化局长,而宋老则是新中国成立前唱红京津沪的京剧名角,其篆刻、绘画也名满中国,他1958年进入文化局属杭州京剧团、落户西子湖畔。对这两位笔耕不辍的高寿老人的调侃,在场的人齐声说道:“你们不是国家的包袱,而是国家的宝贝!”二老之下,还有年到米寿的戴盟先生,他是延安诗人,老革命家;82岁的中国美院教授、著名画家周沧米;同样79岁的浙江省文化厅原厅长钱法成和徽学会主席胡永吉。

这些老人不求回报地向《文澜》惠予文稿,赠予笔墨,就像长者对晚生的提携那样。来自他们的支持与号召力,是《文澜》快速成长、持旗而立的巨大推动力。其实,之后的这几年里,答谢会上的老人就开始陆续因病不能前来或离世了。

另一件让我印象深刻,且心怀感动的是,2010年6月5日,杭州图书馆与徽学会、黄学会一起举办了“纪念叶少珊先生逝世10周年座谈会”。我知道,如果没有杭州图书馆的全力支持,这个座谈会是办不起来的。当日出席人数达60余人,收到其生前好友及后昆的诗词文章20多(首)篇、书画24幅,先后发言者14人。黄学会名誉会长孙晓泉虽未到席,但托人送来书法卷轴一幅,“帝王百姓两茫茫,身后名声谁主张……一样人间留胜迹,山花野草正芬芳”,那确实是对叶少珊坎坷一生但又执着书画的中肯评价。81岁的黄映家也来了,她是黄宾虹的女儿。我与她一起参与过数次她为其父举办的纪念活动和清明扫墓,从未见她流过一滴泪。交往多年,深知她是一位“假话全不说,真话不全说”拒绝眼泪的女性。但在叶少珊纪念座谈会上,她竟然两度泣不成声。一次是说到:“少珊先生是1950年到我父亲身边研墨、牵纸、挂画;他的勤学苦练,经常得到老人家的赞扬。父亲去世后,叶先生仍与父亲在世时一样,常到栖霞岭探望我母亲宋若婴;当时他的家境并不好,但还带些礼品表示关心、慰问……”还有一次是说道:“我是个不会写、不会画、不懂画的人。少珊先生晚年身患重病,还到我家,带一捆宣纸送我,这是对我无言的关心、爱护、督促。”

这些文化活动,让我一辈的文化人感到非常温暖,我们从心底里感恩。它所产生的影响力,必定深远。

图:您为杭州图书馆穿针引线做了那么多事儿,难怪树青馆长要赞许说“王用钧是杭州图书馆与杭州文化名人之间的桥梁”。

王:桥梁真的算不上。其实大部分事,若是双方合契,那就水到渠成,自然而然。馆长这样说,由头可能是在《宋宝罗篆刻毛泽东诗词印谱》一书的出版上吧。

《宋宝罗篆刻毛泽东诗词印谱》首发式，宋宝罗赠予杭州图书馆雄鸡牡丹长卷
左起：孙赛初（孙晓泉之女）、宋宝罗、褚树青

宋宝罗先生是个传奇人物。他7岁登台，给冯玉祥唱戏，冯玉祥听了喜欢，就抱着他，给他糖吃。他少年时走红京津、豫鲁、晋冀舞台。十六岁时因“变嗓”而学国画、篆刻，得到过齐白石、徐悲鸿、于非闇、张大千、赵松声等名家真传。20世纪50、60年代，宋宝罗先生曾为毛主席清唱京剧片段40余次，对毛主席有着深厚的感情。“文革”时他被作为“反动学术权威、黑线人物”被“打倒”。1970年冬，毛主席到杭州视察，在一次晚会上，毛主席问浙江省革委会的“二把手”陈励耘：“那位唱京戏、会画大公鸡的宋宝罗，怎么没有来？”陈励耘回答：“他的问题没有搞清。听说他给蒋介石唱过戏。”毛主席说：“给蒋介石唱过戏算什么问题……我多次叫他唱戏，他不是也来了嘛！”凭毛主席的这句话，造反派对宝罗先生的态度有了很大改变，但仍不给他分配工作，让他“挂着”。赋闲的宋保罗，无所事事，就找出刻刀与印章材料，创作《毛主席诗词三十七首》印谱长卷。十一届三中全会之后，叶剑英在杭州接见宝罗先生时，当着浙江省和杭州市的领导的面说：“宋宝罗是我们的好演员，好同志。”如是，宝罗先生才彻底平反。

2012年年末，我与《文澜》编辑一同前往探望宋老时，看到了印谱长卷，非常震撼。宋老见我们喜欢，也很爽快地赠予了杭州图书馆。在交谈中，我注意到，老人家倒也是有心将印谱出版的，只是苦于找不到合适的人。我们把这个情况反馈给了树青，他当时就表示，这个印谱不仅应该馆藏，更应该传播，2013年是毛泽东诞辰120周年，此印谱的发布将格外具有纪念意义。这番话，给了我很大的鼓励。我把这话传给宋老，他非常感动。之后，我又自告奋勇去向孙老求题签。“文革”前，孙晓泉先生一直担任杭州市委宣传部副部长兼市文化局长，宝罗先生每次为毛主席或其他中央领导唱戏，都由他陪同，是宝罗先生的老朋友。孙晓泉先生曾任西泠印社副社长兼秘书长，擅长书法，《宋宝罗篆刻毛主席诗词印谱》由他题签，可谓珠联璧合。孙老听我一说，也全不推辞。

2013 年 12 月 26 日，印谱出版了。当日杭州图书馆贵宾厅里，虽不能说是“乾隆千叟宴”，但的确是杭州文化老字辈齐聚一堂。宋老和孙老并肩而坐，现在看来，这可能是二老最后一次面对面的交谈了吧。

后来，我又促成了《古韵集》（一本专门写杭州古建筑的图书）通过杭州图书馆出版。

图：能不能描述下杭州图书馆在您心里的样子？

王：样子很难描述出来。我就说，这是一个很温暖的空间，可以吧？！

（执笔：王恺华）

把第三空间纳入生活常态

王黛菲,女,1970年出生,杭州人。曾就读浙江医科大学临床医学专业,杭州市科普作家协会会员,应急救护高级培训师。2006年5月开始从事应急救护培训,多次担任省(市)现场救护师资班主讲老师,两度出任省级救护操作技能竞赛裁判,曾在多家报纸开辟个人专栏,是《科学24小时》杂志急救系列稿特约撰稿人,杭州电视台、广播电台,钱报网相关急救栏目的主讲嘉宾。2011年8月开始,主讲杭州图书馆“应急救护”公益沙龙。曾获“优秀讲师”“优秀主讲人”“优秀科普工作者”“科普工作积极分子”等荣誉称号,已在全省的图书馆、公安、旅游、安监、教育等企事业单位开展700余场应急救护培训及科普讲座。

受访者:王黛菲(以下简称“王”)

采访地点:杭州图书馆文献服务与出版部

图:您是怎么想起到杭州图书馆主讲“应急救护”公益沙龙的?

王:很偶然。当时处在人生的低谷,心情晦暗。杭州图书馆是我心灵休憩时最宁静的港湾。我可以在这里低头冥想曾经的辉煌与荣耀,挫败与屈辱,也可以侧望窗外的天空,回顾来时路上风雨后的阳光、荆棘丛中的鲜花。我的目光可以越过一排排阅览者的背影,让思想回归现实,告诉自己当下应该做些什么,也可以在温馨淡然的灯影里滤清被尘俗烦琐困扰的心灵。

静静地来,静静地走,我从来不曾注意,杭州图书馆有一种公益活动叫“文澜沙龙”,一次偶然查阅“文澜在线”时点开了当月的活动信息,看到了自己感兴趣的创业沙龙活动,于是不由自主地往第八研究室走去。

当时氛围相当热烈,一位中年男子正在侃侃而谈,如何进行创业,如何把企业做大做强。我本是怀揣太多困惑急于寻找答案的人,也就毫不拘束地抛出了自己的问题,结果意外地引发了一阵热烈讨论。我这才知道,图书馆还有一种活动形式叫“文澜沙龙”,在这里,你可以畅所欲言。

王黛菲在静静地阅读

后来，我又参加了杭州图书馆举办的“地震逃生知识沙龙”，在互动期间，我很专业地列举了急救包里所必备的三角巾、纱布、绷带、CPR 屏障消毒面膜、止血带等救护用品。主持人（活动部的龚艳老师）见我对救护知识非常专业，就邀请我暑假到杭州图书馆来做“应急救护”公益沙龙。

我本是浙江省第一批专职救护培训师，所从事的应急救护培训是告诉人们在遭遇意外而救护车尚未到达之前，如何立足现场，就地取材，正确及时地展开自救与互救，以减少伤残和死亡。虽然那段时间，我正处于人生低谷，但在进退两难的迷茫与困惑中，有位禅师告诉我，既然不甘割舍这么多年呕心沥血的努力与坚持，那就不妨继续自己钟爱的事业，何况，救护培训是一桩济世惠人的善事。所以，我便答应试试，从 2011 年 8 月开始主讲“文澜沙龙”的“应急救护”专栏。

但凡做事，都要借力于天时地利人和，若得高人指点，贵人相扶，便会事半功倍。两年后我又很幸运地得到了时任专题文献中心副主任何妨女士的推荐，代表“文澜沙龙”主讲人去海宁与桐乡两家图书馆开展了三场应急救护专题讲座，汪莉薇和郑薇、杨浙兵三位副馆长都给予了高度配合。

图：读者对“应急救护”很感兴趣吗？他们最热切知道的是哪些问题？

王：理论讲解、操作演示、视频教学、互动体验的形式，让读者很感兴趣，没赶上的，总是问“下次什么时候有”，或者因为加班出差而没能参加表示遗憾，因为他们也知道这套课程平时做企业培训时价格不菲。读者们最想知道意外发生时，哪些事情可以做，哪些事情不可以做，如何进行自救互救、险境求生，为生命赢得更多宝贵的抢救时间。

王黛菲在现场进行急救操作演示

图：您做了那么多期“应急救护”公益沙龙、讲座，读者反映如何？在此过程中碰到了哪些难题？是什么支撑着您坚持做下去？

王：读者觉得很实用，因为意外随时都会发生，多学一点就能在非常时刻用得到，甚至有可能死里逃生。有些小技巧，比如止手指出血、止鼻部出血等，平时生活里也用得上。

我最大的困难是有时候培训工作实在太忙，记得最多那一年，安排了120场救护培训和讲座。因为全套课程有五大系列二十几门课，而外面的点课是随机的，内容常常不一样，又要应对不同的课时长度与行业特点，所以几乎每堂课都要事先单独准备，还包括课件调整以及品牌技能培训时大量的教具整理，有时还会应邀为报纸杂志撰写救护稿件。外面培训太忙时，也就只能将救护沙龙暂停一两期。

2013年1月，我与活动部的杜宏亮主任商定隔1个月在文澜大讲堂连做四期关于中小学生的安全救护讲座，后来因为当时还在其他部门主讲“生活急救要紧事”系列的救护沙龙，为了更合理地分配部门之间的资源，也为了避免时间上的冲突，我不得不退出“应急救护”沙龙的公益分享，说来挺可惜的。当年6月，才有机会第二次荣登文澜大讲堂，为读者主讲了六大品牌技能中一场“你也能学会的紧急止血术”。

我在杭州图书馆公益主讲“应急救护”知识断续有三年，读者对“应急救护”知识的渴求就是我坚持的动力。做公益活动使我重新走入人群，并在公益分享中得到快乐和满足。我始终牢记着净寺那位禅师对我的开导：救护培训是积善之举，既惠泽世人，又为己修福。心存此念，我立足在杭州图书馆这个平台上，积极地向广大读者传播自救互救的知识与技能，沉浸在教学相长的愉悦氛围里，我的心情从霜寒露重渐入云淡风轻。

“文澜大讲堂”心跳骤停绝境求生术讲座

图：听说您除了来杭州图书馆主持沙龙活动，平日里没事就往图书馆跑，您一定很爱看书吧！能否说说阅读对您人生的影响？

王：进杭州图书馆是我主要的生活方式之一，因为里面环境好，我特别喜欢这种书香氛围，除了看书，还可以在这静静地整理思路。看书随兴所至，大多时候是信手闲翻一些自己感兴趣的散文和生活工具书，几乎不赶流行或时尚，也会花时间为求证某个存疑的问题而埋头于专业类书籍反复琢磨。可以说，阅读使我内心丰富，让我变得更有思想，也使我对写作更有兴趣。

图：很好奇，您是理科出身的，怎么对文学如此感兴趣，并最终成为一个科普作家？

王：我的兴趣自小就在文字这块，学生时代的作文常得到老师的表扬，经常作为范文被展示在教室墙壁上。后来因为工作关系，要去电台做一些健康节目，发现整理资料的过程中，稍做修改就是一篇篇医学科普文章，可以套着做。也算是运气比较好，最初的几篇投稿都比较顺利，没怎么遭遇退稿，渐渐就有了信心。2005 年，某报社招聘编辑，让我做了一个健康版的策划思路，对方老总很满意，就破格将我聘为编辑部副主任。那时候对文字工作兴趣骤升，创作的欲望像一枝黄花般不知疲倦地成长起来。因为报纸初办缺少稿源，有一阵子经常自己深夜赶稿且乐此不疲。

图：您还参加杭州图书馆的其他读者活动吗？

王：是的，参加了许多活动。比如，我曾作为读者代表参加了跟德清图书馆的交流活动，感觉融入读者群体真的好开心。应邀在《文澜沙龙》里写了三篇约稿（平时不向没有国家公开刊号的报纸杂志写文章，这三篇算是破例），也挺开心的，因为觉得得到认可，加上当时已经做了两期“文澜大讲堂”的主讲嘉宾，很有点“天生我才必有用”的喜悦，感觉“文澜大讲堂”就适合我这样的人，也感谢杭州图书馆提供了一个可以凭实际能力走上一定高度的平台。参加“寻访名人墓”活动，既有的玩，又长知识，还交到一些读者朋友，相当不错。2012 年 10 月，我参加杭州图书馆征文《我的有机生活》并获奖，虽说当时是受读者怂恿，心血来潮的，不过能获奖总是很开心的。

值得一提的是，2012 年我很幸运得到当时全面负责专题文献中心工作的吴一舟主任的推荐，成为杭州图书馆“西湖传说”非物质文化遗产传承人之一，同时也在杭州图书馆开展了这场救护健康以外的主题沙龙，当时《杭州日报》还发布了我的这场活动预告。没想到自己可以有幸成为传承人，这是非常意外的收获。我庆幸自己能遇上一个独具慧眼的图书馆领导，就跟当初幸运地得到何妨主任的认可一样，都让我觉得遇上了贵人。

杭州图书馆各类讲座沙龙的信息，我每月都在留心的，而且会事先划出一部分可能感兴趣的主题，有时间就会过去看看。我发现，我已经把第三文化空间纳入生活的常态了。

（执笔：张巧艳）